車中泊入門

車中泊を上手に使えば
生活いきいき

武内隆 著

ヤマケイ新書

はじめに

今は「車中泊」という言葉をご存じない方はほとんどおられないだろうが、では、その実態はというと、「彼らは一体何をしているのか」と疑問を持つ方も多いのではと思う。本書では、車中泊をするための基本を解説しているが、車中泊をする気はないが、関心を持ってくださる方々にも読んでいただければという思いで執筆している。

車中泊に関する最初の書物だった『車中泊を楽しむ』（地球丸／２００５年）を著してから15年になるが、当時は車内泊とか車中泊とか、言葉も定着しておらず、ネット上でもごく単純な疑問が飛び交っていた。そんなことなら、私の車中泊経験を知っていただければ役立つこともあるのではと執筆したのである。その本の「はしがき」に述べたように、「楽しむ」という言葉は、苦しい歩みにもかかわらず「山登りを楽しむ」のと同様に、車中泊の行為そのものは楽ではないが、目的達成を含む全体験を楽しむという意味で用いていた。

その後、「楽しむ」という言葉が一人歩きし、気になっていたが、車中泊の本質は、やはり、車という、一種の極限に近い、狭い環境で寝起きすることから生まれていることにあると思う。そのため、様々のことで厳しい選択を強いられる結果、個人の好き嫌いが顕著に現れ、経験を積むほど、皆それぞれ、驚くほど異なった車中泊になるようだ。極端な場合、Aさんにとっては良いことが、Bさんには、とんでもないということさえあり、こんな場合にはこうすればよいというマニュアルがあまり役立たないことも多い。

本書では、「車中泊」に対する考え方の進化をベースに、車中泊の厳しさと良さの両面を見据えて解説する。車中泊の環境には厳しい面もあるが、自分にあった方法を上手に見つけることができれば、すばらしい居場所になり、さらに、車中泊の虜ともなれば、苦労を苦労と思わなくなる。逆にまずい利用の仕方をすると耐え難い苦労に陥ることにもなる。

一方、車中泊は外泊するための一手段であり、車中泊ができるようになるということは、ホテル・旅館などに加えて、車中泊という、外泊の選択肢がひとつ増えることである。たったのひとつとも言えるが、場合によっては、これが大きい。例えば、ホテル・旅館などがない地域でも、車中泊なら可能であり、それを自分の趣味や仕事に結び付けて有効に生かせれば、今までできなかったことでも実現でき、自分の生活を一変させ、生き生きとした自分を取り戻すこともありえよう。災害時の車中泊も、宿泊の一手段として利用できればこそ、はじめて、役立てることができるのである。

本書の副題を「車中泊を上手に使えば、生活いきいき」としたのは、このような車中泊の魅力を表したかったからである。このことの裏を返せば、車中泊を上手に使わないと、目的を達しないばかりか、散々な目に会うこともありうるということである。本書では上手に使うための基本のキを解説しているが、これだけでは、多様な、皆さんの好みに合わせたレベルにはとても手が届かない。

車中泊を使いこなしたいと思われる方は、この本を読み、実践したあとはご自分で切り開いていただきたい。ご自分に合った「マイ車中泊」を築き上げ、いきいきした生活を送られることを願っています。もちろん、車中泊はやっぱり自分には合わないという方も多いと思う。その方々の思いは、尊重したい。一方、もしも、将来、車中泊も選択肢に加えてみるかという気になられたときには、大歓迎です。

見晴らしがよく、日の出も日の入りも楽しめる、お気に入りの場所。目の前の山に登ってもよい。昼間でも来る人は少なく、夕方過ぎれば誰もいない

目次

第3章
快適な車中泊のための装備&グッズ

第4章
車中泊ライフを快適に

第5章
車中泊の場所選び

第6章
災害と車中泊

夏シーズン前の高原は、人混みもなく、過ごしやすい穴場とも言える。残雪の山々を一望しながら一服休憩、行く先を検討するなど、ゆっくりした旅を満喫できる

―― アートディレクション・デザイン・イラスト ――
吉池康二（アトズ）

―― 写真 ――
武内 隆

―― 編集 ――
水野一彦
稲葉 豊（山と溪谷社）

―― 編集協力 ――
川崎健二

―― 写真協力 ――
日本RV協会
ジャパンキャンピングカーショー 実行委員会
カーネル
齊藤哲也
青山勝己
山崎友貴
トヨタ自動車
日産自動車
本田技研工業
ダイハツ工業
スズキ
ミスティック
オートワン
フィールドライフ
TACOS（タコス）
（順不同）

第1章
車中泊の魅力

これから車中泊を始める人のために

不安なら、近場での〝お試し車中泊〟から

車中泊とは、文字通り、車の中に泊まることだ。車の中で一晩寝ればよいのだから、いとも簡単であるとも言えるし、逆に、自宅やホテルに比べ極端に環境が悪く、狭い空間で一晩明かすのは大変だとも言える。このどちらも間違ってはいないし、どちらも正解だ。なぜだろうか。それは、季節や環境、その人の好み・気持ちなど、状況によって車中泊の有様がまったく違ってくるからだ。

たとえば、春秋など気候のよいときに、たまたま帰り道が遅くなり、サービスエリアで仮眠。夜中に目が覚めたがやっぱり眠く、あり合わせの上着を着込んで、また眠ってしまった。目が覚めたら、もう夜明け前で、そのまま家路にスイスイ。これはまぎれもなく車中泊であるが、車に泊まったからといって何の不都合もなく、昼間の予定も無事済ますことができた。車中泊いとも簡単では

施設が整ったサービスエリアや道の駅は、初めて車中泊をしてみる場所として最適。ただしマナーは守りたい

ないか、ということになる。

これとは反対に、冬の車中泊にはこんな支度が必要だとあらかじめ調べて準備し、車中泊の旅に出たものの、夜中に寒くなり、持ち物すべてを動員して寒さしのぎをする羽目になった。しかし、それだけではどうにもならず、とうとう、アイドリング禁止を承知の上でエンジンをかけ、暖房した。やっと暖かくなったと思ったら、この駐車場、見回りが厳しく、「もしもし……」とやられてしまった。まさに、散々の車中泊である。

車中泊でこんな失敗をしないように、いや、満足のいく、有意義な車中泊ができるよう、この本では車中泊の基本の「キ」を解説することにした。しかし、あくまでも参考にということで、これだけ身につけていれば十分とは言えない。

しかも、あらゆる人に適した万能の「車中泊のワザ」というものはない。他の人の車中泊を参考に、自分が満足し、納得できるものを工夫しながら、確立していく必要がある。これから車中泊を始める人は、自分の経験・実力に合った、安心・安全の車中泊から始め、少しずつ難度の高い車中泊をものにしていくのがよいだろう。年月と経験を重ねるうちに、気が付いたら、自分に最適な「マイ車中泊のワザ」が身についているに違いない。

何のために車中泊をするか、ということは非常に大切なことだ。車中泊をしたいから車中泊をするという人は稀で、多くの人は、旅行、登山、釣り、自然観察、写真撮影など自分の趣味・目的を叶えるために、車中泊という手段を活用している。これから車中泊をする人も、自分の目的を叶えるために車中泊が役立ちそうだ、何かメリットがありそうだと気がついてから始めるのがよいだろう。車中泊は良いこと尽くめではなく、苦労もある。メリットがあれば、苦労があっても、今度は改善してやろうという気も出てきて、目的が叶えられ、満足感も得られる。

目的なしに車中泊を始めると、苦労ばかりが目に付いてしまう。また、車中泊という独特の形態はどうも肌に合わないという人もおられるようだ。だから、そういう方にはお勧めしないが、また、時と状況が変わって、車中泊との相性がよくなるということもあるので、そのときは再挑戦していただければと思う。

車中泊の目的が異なれば、装備、車中泊の様式も異なり、それに合わせた準備が必要になる。初めて車中泊をするときは、本格的に準備するというよりも、なるべく簡単で、容易な準備、それに見合った目的の車中泊をしてみるのがよいだろう。車中泊とはこんなものかということがある程度体感できてはじめて、本格的な準備も可能になる。

車中泊の準備ができて、今夜初めて車中泊というときは、誰でも、多かれ少なかれ、身が引き締まるものだ。なかには、心配でたまらないという方もおられるだろう。そういう方には、寒くもなく、暑くもなく、天気のよい日を選んで、なるべく自宅近くの安心なパーキング、あるいは自宅の駐車場でお試し車中泊をしてみることをお勧めしたい。サービスエリアや道の駅などがあればそれに越したことはない。いろいろな設備がそろっていて、便利で安心だ。お試しの途中で支障があれば、家に帰るのもよい。初めての車中泊で、準備の過不足、問題点・改善点などを見つけることは特に大切だ。次の車中泊につなげていく第一歩となる。

いつでも、どこでも、我が家はそこにある

ホテル・旅館泊とはまったく違うリラックス感

車中泊のよいところは、全国どの地域でも好きなときに、好きなところで泊まることができることだ。好きなところと言っても、もちろん、車中泊不向きの場所に泊まるわけにはいかない。しかし、車中泊適地は、地域によっては、ホテルや旅館の数よりはるかに多く、旅館など何もない僻地でも車中泊なら泊まれる所がある。しかも、ホテルや旅館のような予約は、原則不要だ。その日、その時の都合で、泊まる場所を自由に選び、変更できる。これは、実際にしてみると、本当に便利で、助かることだ。

車中泊をしながら各地を見て回っていると、気に入った場所にめぐり合い、長時間歩き回り、すっかり疲れてしまったというようなことがよくある。そんなとき、車に戻れば、コーヒーを飲んで

気が向いたところで車を停めれば、そこがくつろぎの我が家になる。
車中泊旅ならではの感覚は病みつきになる

もよし、寝転んでもよし、まるで我が家に帰ったときのようにリラックスできる。これは、車中泊の準備をした車だからこそ生まれる感覚で、不思議なことに、ホテルを利用する車旅では同じようなことをしてもそれほどリラックスした気分にはならない。

まさに、車中泊の車は我が家であり、車中泊の旅は我が家をつれて旅をしているようなものである。だから、いつでも、どこでも、もし我が家に戻りたいと思えば、車に戻れば、休憩でも、仕事でも、したいことの多くをすることが可能だ。

私自身、車中泊をして本当によかったなとつくづく感じた体験がある。登山道の入り口に車を置いて、山登りをしたときのことである。思いのほか険しい山で、時間もかかり、へとへとになって登山道の入り口に戻ってきたときには、すでにあたりは暗くなりかかっていた。登るときには何台も駐車していた車はすべて帰ってしまい、自分たちの車だけになっていた。予定では、ふもとの温泉に入り、その近くで車中泊をと考えていたのだが、もう時刻も遅く、疲れ果てていたので、そのまま寝ることにした。ぐっすり寝て、起きてみると疲れもなくなっており、ふもとの温泉まで車を走らせて、気持ちのよい朝風呂に入った。すっかり元気を取り戻して、次の目的地に向かった。もし宿泊まりであれば、眠く、疲れた体で曲がりくねった山の道を車で走らねばならず、悪くすれば事故でも起こしていたかもしれなかった。登山道の入り口に車中泊の「我が家」があったお陰で、何事もなく、ずいぶん楽をすることができた。「我が家」にたどり着いたときの安堵の思いは今でもはっきり覚えている。

スケジュールに余裕さえあれば、車中泊は、時間調整を容易にしてくれる。天気のよい日にここの絶景を見てみたいと思っていたのに、あいにくの雨。宿泊まりの旅では、こんなときでも雨を恨みながら見に行かざるを得ない。しかし、車中泊なら雨が止むまで待てばよいのだ。もし、数日間雨が続く予報なら、スケジュールを変更して、その間、雨でも差し支えない場所で過ごし、雨が止んだら絶景見物をすればよい。車中泊の備えが十分できた車であれば、数日間、車で過ごすのもそれほど苦にはならないだろう。「我が家」同様の車の中であれば、のんびり過ごすのもよいし、読み物、書き物、趣味、仕事に没頭するのも悪くない。疲れたら、飲んだり、食べたりも自由自在だ。

いつでも我が家を利用できるということは、例えば、旅行であれば、宿を気にする必要がないということであり、仕事であれば、仕事場までの距離・時間もほとんど問題にならないということである。これは非常に大きなメリットで、一度車中泊を始めると止められなくなるひとつの要因だ。

高原を走っているときに見晴らしのよい空き地を見つけたら、今日はここまでにしようと、泊まるのもよい

自分で宿を予約する場合には結構手間がかかるし、何かの事情で予約をキャンセルする必要がでたときは、キャンセル料の心配までしなくてはならない。チェックインの時刻制限がある場合には、その時刻に間に合わせるために、旅の予定を慌ててすませ、急がねばならなかったりもする。車中泊であれば、旅の予定を変更するのも、旅そのものを止めるのも、自分の意思次第で、誰にも迷惑がかからない。旅の途中で「ここはよい所だ。今夜はここで泊まろう」と思えば、もう、そこには我が家がある。仕事で車中泊を利用する場合、毎日の勤務でオフィスの近くで車中泊をして、通勤時間を節約するという人はまだ少ないが、全国をまたにかけて仕事をしている人、例えば調査、旅芸、販売などで車中泊を利用する人は多い。宿泊まりに比べ、はるかに機動性があり、便利だ。

我が家がいつでもそばにあることは、チャンス到来を長時間待つ場合にも大きなメリットがある。風景観察、写真撮影などで、太陽の光、雲の変化、雨や霧の出現など、希望の条件になるまで長時間待たねばならないようなときには、屋外にいるよりは、車内でゆっくり待機しているほうがよいこともある。そんなとき、車中泊の我が家は最高の待機場所になる。特に夜中や早朝では、必要なら仮眠も取れるのは非常にありがたい。私自身も、夕暮れ時の絶景の時々刻々変化する様、夜中の流星観察、日の出の観察、夜中の放牧牛の観察などで、車中泊の良さをしみじみ感じたものだ。

利尻·礼文の旅では、雨が降る日も多かったが、車中泊をしながら滞在することで眺望を楽しむことができた

つねに我が家がそこにあるという余裕が、日の出や日没時の、刻々と変わる景色を心ゆくまで味わわせてくれる

車中泊なら気まま、自由自在

臨機応変なスケジュールで旅も充実

車中泊なら、旅行であろうが、自分の趣味・仕事であろうが、他の人との約束以外は、思い通りのスケジュールで進めることができる。お勧めするわけではないが、計画をまったく立てない旅行をすることも可能だ。気の向くままに車を走らせ、あちこち見物し、そろそろ今日は終わりにしようと思ったら、適当なところで車中泊をする。そんなことができるのも車中泊だからこそだ。

こんな極端な場合は別にして、ありそうな一例を挙げれば、近くにすばらしい所があると聞き、ぜひ立ち寄りたいと思ったが、今日は無理だ。明日行くことにしていた観光地よりもはるかに良さそうなので、予定を変更して、明日はそこに行くことにした。実際に行ってみると聞いた以上にすばらしい所で大満足の旅になった。こんなスケジュール変更は、車中泊ならたやすいもので、予約

予定外であっても、眺めの良い場所があればそこでそのまま過ごす。気ままな車中泊旅の醍醐味だ

した宿や乗り物を気にする必要もない。

　趣味の写真で、天気の変わり目に見られる絶妙な富士を撮ろうと、天気予報を調べて、天気が微妙で不安定なときを選んで出かけたものの、あいにく、雨が本降りとなって富士山は全く姿を現さない。天気予報も変わって、明日の午後まではずっと雨が続くという。今日の撮影はあきらめて、伊豆の温泉に行くことにした。日帰り温泉にゆっくり入り、車中泊。次の日の昼過ぎに富士に戻ると、やがて、霧の中から厳かに富士が現れ、シャッターを切った。さらに虹まで現れて、虹をバックの富士山。目的をかなえることができた。車中泊という手

段があったお陰で、臨機応変の対応ができ、その結果、ゆっくり温泉というおまけまで得られたことになる。

　渋滞しても、多くの場合、あまり苦労することなく切り抜けられるのも車中泊の良さである。そこが高速道路なら、パーキングエリアやサービスエリアに入って、ゆっくり休息する。仮眠をしてもよいし、早朝、渋滞が解消したところで出発すれば、予想以上にスイスイ走り、家に帰れる、あるいは、次の目的地に着く。仮眠で一泊しても、スムーズに家に帰れるので、その日の予定に何の支障もなかったという場合が多い。寝る順番を走行の前に持ってきただけ

山に向かう車の大渋滞。前夜に山上で車中泊をした私たちは、反対車線をすいすいと帰ることができた

で、渋滞の苦渋を避けられたのである。渋滞はないに越したことはないが、「いざとなったら車中泊」ということが頭にあれば、気苦労がない。

車中泊なら気ままで、自由自在とは言っても、周囲の状況の変化に応じて、臨機応変に対処するには、ある程度の経験が必要だ。突然車中泊地を変更しなければならなくなったとき、どこに行けば泊まれる場所があるか、慣れないと戸惑ったり、決めるまでに時間がかかったりするが、何回かそんな経験を重ねるうちに、ほとんど心配することなく、次の場所に行けるようになるだろう。道の駅やサービスエリアなどが近くにあれば、それらを利用するのが、確実だ。もし、適当な距離になければ、地図やナビを参考に、直感と経験で、ここはと思われる場所を何箇所か候補にして、行ってみる。どうしても納得できる場所が見つからなければ、距離が遠くても、道の駅やサービスエリアに向かうのも選択肢のひとつだろう。

車中泊の期間が長ければ長いほど、気ままな車中泊を満喫できる。綿密なスケジュールを立てても、期間が長くなればその通りには進まなくなるのが普通で、はじめから、いつでも変更できるような大まかなスケジュールにしておいたほうが都合がよい。そうすれば、自然に、「気ままで、自由自在の車中泊」になり、車中泊という宿泊手段の長所が生きてくる。

車中泊を利用して思いを実現

うまく利用すれば週末の休みで3泊4日も

車中泊をうまく利用できるようになると、今までなかなかできなかったことが容易にできるようになったり、趣味と仕事の両立が叶えられたり、仕事そのものの能率が上がったり、など、予想以上のメリットが生まれることがある。いや、メリットが生まれるかどうかは、アイデアと実行力次第と言っても過言ではないだろう。

たとえば、このような例。週末を利用して名所・旧跡を巡る小旅行をしていたが、ほとんどは、朝、家を出て、夕方には帰るという、日帰りの旅であった。宿泊するとなると、宿の手配など旅の準備に手間がかかり、十分に暇があるときにしか、実現しなかった。それが車中泊を利用するようになると、土日の旅が気軽にできるようになった。宿のことは気にする必要もなく、いつも持ってい

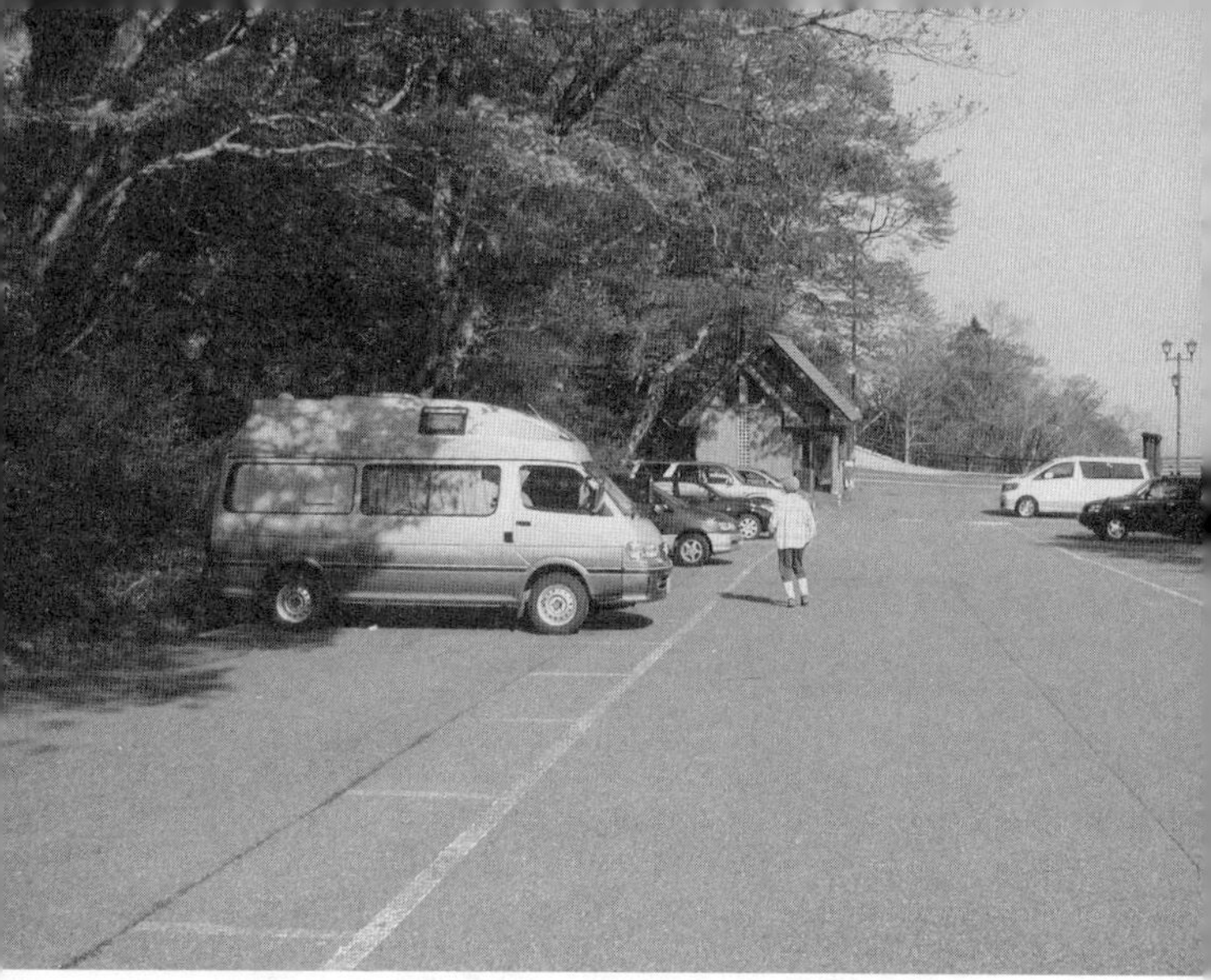

登山口近くの空き地で車中泊をすれば、早朝からでも登山を開始することができる

くもので、車の中に入れておける物は、車内に入れたままにし、出発の前に補充する物だけを準備すればよいからだ。あとは天気を気にするくらいで、出発したいときに、いつでも実行できる。日帰りのときに比べて、遠くの名所・旧跡にも、気軽に足を伸ばすことができ、行動範囲が広がった。

山登りでも、釣りでも、写真撮影でも、宿の心配をしなくてもよいことは、行動の自由度を高めて、趣味に集中したいときには、いつでも、それが実現できる環境を整えてくれる。平日は仕事に忙しくても、週末など休みの取れるときに、さっとスイッチを切り替えて、趣味に熱中できる。

それも、休みは土日の2日間でも、金曜の夕方から月曜の朝まで3泊4日の車中泊のワザを使えば、予期以上にたっぷりと趣味を満喫できる。遠くに行くのは無理だが、金曜の夕方家を出て、途中で一夜車中泊をする。土曜の朝、起きるとすぐ目的地に向かえば、朝のうちに目的地に着き、土曜と日曜は趣味に没頭できる。日曜の夕方家路に向かい、夜どこかで車中泊をすれば、朝早い時刻には家に帰れる。それから、いつもどおりに朝食を済ませ、出勤することも可能だ。計画的にスケジュールを立てれば、睡眠時間を減らす必要もなく、疲れることもなく、趣味で心身ともにリフレッシュさ

3泊4日の車中泊で、家を出た最初の夜と帰りの夜に、中継点にある、こんな温泉に入れれば最高だ

れ、月曜からの仕事に、かえって、集中でき、能率も上げられる。実質、土曜、日曜を休んだだけなのに、3～4日休んだくらいの旅行ができたことになる。

このように、車中泊を上手に利用すれば、メリットも非常に大きくなる可能性がある。ただし、まずい利用の仕方をすれば、メリットどころか、散々の目に遭う恐れもありうる。「3泊4日の車中泊のワザ」を使うにしても、金曜日と月曜日の仕事の内容・段取り、金曜に家を出発して車中泊場所までの行程、日曜日の車中泊場所、そこから家までの行程などは、とくに、よく検討して順調に行くような準備をしておくことが必要だ。だから、土日の休みを利用していきなり3泊4日の車中泊を始めるのではなく、まずは土曜日の車中泊から始めて、何度か経験を積み、自信がついたら、3泊4日の車中泊をしてみるのがよいだろう。

今までの生活に車中泊という手段をうまく取り入れることによって、生活を一変し、新しい世界に入り込むことさえ起こりうる。毎日の勤務に忙しく、週末の休みは疲れを取るために家で過ごしているが、どうも満足できない、という生活をしている人でも、自分の趣味と車中泊をうまく結び付けて、週末を過ごすようにすれば、それまでとは違って、生き生きとした生活を取り戻すこともできよう。

かなりの人が実際に行なっている「新しい世界に入り込む」典型的な例に、定年退職後、車中泊の旅を始めることがある。どこに行くか、どのようなスタイルで車中泊をするかは、もちろん、その人の自由、好み次第だが、多くの人に共通しているのは、勤務に絡む様々な縛りから開放され、自由な、自分の生活を実感し、満足していることだ。

もちろん、定年後に新しい世界に入り込み満足の行く生活を送るには、他にもいろいろな手段、道がある。車中泊はひとつの手段であるに過ぎない。車中泊よりも自分に向いた道は他にあると思えば、そちらに向かうのがよいだろう。ただ、「車中泊」と「定年後」は、非常に相性がよいことは間違いないと思うので、そのことだけ補足しておこう。車中泊の良さを十分発揮するには、すでに述べたように、時間のゆとりがあるほうがよい。時間にゆとりがあることは、定年後の最大の特徴でもあり、ゆとりがありすぎて困るという場合もあるようではあるが、ゆとりが長所となって活動の場を広げ、生きがいを生んでいる場合も多い。そこで、定年後と車中泊が結びつくことによって、相乗効果の長所になるわけである。

車中泊旅行をしていると、よく定年後の男性に出会うことがあり、聞くと、奥さんは家で留守番、一人旅のほうがお互いに干渉し過ぎることがなく、それぞれの生活を自由に過ごす事ができ、うまくいくと言う。ご主人が家でごろごろしていると、邪魔扱いされ、お互いに不満が蓄積してしまうそうだ。こんな話を聞くと、改めて車中泊の魔法の力を思い知らされたものだ。もちろん、定年後は2人で車中泊旅行というのもありで、それぞれの事情に合わせ、最良の道を選べばよいだろう。

車中泊を利用すればメリットが生まれる可能性のある趣味や仕事としては、すでに述べた旅行の他にも、登山、釣り、サーフィン、自然観察、写真撮影、調査、移動販売、運送、地方巡業など、挙げればきりがない。どの場合でも、現地で早朝から行動をスタートする必要のあるときは、車中泊は格段の威力を発揮できる。さらに、釣りなら、近くで釣った魚を料理して、心ゆくまで飲食し、その場で車中泊も可能だ。自然観察や写真撮影なら、夜、夜中まで行動し、終わったらすぐそばに停めてある「車の我が家」に戻り、場所によっては仮眠でも本格就寝でも思うままだ。

移動販売、運送、地方巡業などでは、昔から車中泊の先駆者とも言える人々が全国をまたに活躍してきた。旅行でも、四国八十八箇所巡礼や日本一周などに車中泊を使えば、いつまでも心に残る旅になるだろう。ペットと一緒に泊まれる宿は少ないので、旅行はもっぱら車中泊という人も多い。

また、今回の新型コロナ禍のなかで、特筆すべき車中泊があった。医師・看護師のなかには、帰宅をすると家族にウイルスをうつす恐れがあるので、もっぱら、病院と車を往復して医療に専念された方がいたという。その使命感に敬服すると同時に、危機に当たって、車中泊の長所を生かし、活用した好例だと思う。車中泊を利用することによって、ウイルス感染のリスクを減らすだけでなく、通勤時間も減らし、その分、体を休める時間を増やし、通勤途上のウイルス感染リスクも減らすことができたのである。ただし、家族とのふれあいを減らさざるを得なかったのだが。車中泊を活用された医師・看護師の方々は、おそらく、病院での激務、感染リスクを伴うストレスに疲れた体で車まで帰り、車内に入ってほっと一息ついたに違いない。このニュースを知ったとき、私は、既出の私

花見も、開花に合わせたり混雑を避けたりするのに車中泊は都合が良い。桜前線を追いかけての旅も可能だ

の経験、山登り後の疲れ切った体を車中泊車内で横たえ、やれやれと安堵したときのことをダブるように思い出したものである。

このように、車中泊には他の宿泊手段にはない固有の特徴があるので、それをうまく利用できれば、生活を一変し、生き生きした生活を我が物にすることもできよう。もちろん、車中泊は万能ではないので、「うまく利用できれば」の話である。くり返すが、その鍵は「アイデアと実行力」次第である。さらに付け加えれば、車中泊が自分の好みに合うか合わないかも、大事な要素であろう。日常暮らしている住居に比べれば、圧倒的に狭い車の中で寝起きするので、ある種の極限に近い生活となることは間違いなく、それでも「自分の目的が叶えられればよし」とするか、「自分の肌には合わない」と思うかは、まさに感性の問題であろう。

すべての人に言えることは、車中泊か他の宿泊手段のどちらをとるかではなく、今まで使っていた宿泊手段に車中泊を付け加え、宿泊手段の幅が広がると考えれば、そのとき、その場合により、どちらを選択するかということになる。大震災のような、極限の生活を強いられる場合には、おそらく、誰にとっても、車中泊は貴重な選択肢のひとつとなるに違いない。日常生活でも、外泊時の宿泊手段の中に車中泊を加えることによって、より豊かな生活が開けていく可能性がある。

十人十色の車中泊

日常生活以上にその人の個性・好みが表われる

実際に車中泊をしている人々は、車中泊の目的、車の種類、装備、車中泊のしかたなど、様々であり、そのすべてが同じになる人はまずいないだろう。

観光旅行が目的であれば、観光地に適した服装・持ち物を車に積んでいくのに対し、釣りであれば、釣り道具、休憩・調理をするための荷物などを積んでいく。

目的が同じ旅行であっても、日本一周旅行であるか、特定の地域の旅行であるかでは、装備や車中泊のしかたはまるで違ってくる。日本一周旅行であれば、長旅に備えて生活用品一式を車に満載して出発する必要がある。さらに、同じルートで日本一周をするにしても、ある人は「日本一周」という目立つ看板を掲げて、多くの人に声を掛けながら廻るのに対し、ひっそりと目立たないよう

軽自動車で車中泊をしながら、各地での釣りを楽しんでいる人もいる。釣りも朝早いことが多いので、車中泊との相性がよい

な「日本一周」をする人もいる。

湯沸しひとつにしても、もっぱら車内でお茶やコーヒーを飲むために使う人と、車外での飲食に頻繁に使う人では、湯沸しの種類、収納の仕方など、まったく異なることになるだろう。このように、皆それぞれに、様々な車中泊を楽しんでいる。客観的にみて、どれが良く、どれがお勧めだとか言うことはありえず、もっぱら、車中泊をする当人が、満足しているか、あるいは、納得しているかにかかっている。

普段の日常生活を見ても、似たような生活をしている人達でも、けして同じではなく、それぞれ独自の生活をしている。車中泊では、日常生活以上に、人それぞれの個性が顕著に現れる。というのは、住宅よりはるかに狭い空間の車にもかかわらず、家にいるときよりもはるかに多彩な活動をするので、何を取り、何を捨てるかの厳しい判断が必要であり、その際、自分の個性、好みが強く現れてくるからだ。

たとえば、自宅では誰でも布団で寝るだろうが、車では布団を積んでいく人もいるし、シュラフの人もいる。どちらが適当かということではなく、もっぱら、当人の好みの問題だ。「布団は寝心地が良いが、かさばり、収納に問題がある。一方、シュラフは、便利で、かさばらないが、ちょっと窮屈で、寝返りが打ちにくい」ということは、誰でもそう思う、客観的事実といえるが、では、どちらを選ぶかということになれば、その人、その時の事情と感性の問題だ。寝心地最優先で、収納に問題があろうが、布団に限るという人もいるだろうし、なかには、状況により、布団とシュラフを使い分けるという人もいるだろう。

このように、すべての人に当てはまる正解はないので、車中泊のしかた、装備などは、各人が、それぞれ独自に探し出していく必要がある。その際、他の人々がしていることは大変参考になるし、役立つことが多い。ただし、自分の車中泊に取り入れるときには、自分の場合に本当に適しているか、よく検討し、あるいは、試して確かめるとよい。場合によっては、自分流に少し改変して取り入れることがあれば、なおよいだろう。このようなことを積み重ねることによって、自分に最適の「マイ車中泊」を手に入れることができる。

蛇足ではあるが、私もこの本を含め、いろいろなところで、「〇〇をお勧めする」などと言っているが、無批判にその通りにすることは避けていただきたいと思っている。ご自分の場合に当てはめて、納得できたら、取り入れていただければ、幸いである。

他の人々がどのようにしているかを知る上で、参考になるものを挙げておこう。車中泊の専門誌『カーネル』は、年4回、毎号、多くの車中泊愛好者の実例が紹介されている。また、車中泊に関連する様々なネット情報をまとめて紹介している「車中泊まとめｗｉｋｉ（https://syachuhaku.fxtec.info/)」は、よくこれだけの情報を集めたなと思うくらいだ。自分の知りたいことにたどり着くまでが大変なときや、ちょっと違うのではと思われる情報もあるようだが、「納得がいけば取り入れる」というスタンスで利用すれば、間違いも少なく、役立つに違いない。

発想転換と工夫で車中泊の欠点を補おう

狭い車内も考えようで便利な空間に

これまで車中泊の良いことばかりを強調して述べてきたが、当然、短所や欠点もたくさんある。おもな短所は、車の中はなんと言っても狭いことと、移動体である車には定住権が認められないことによるものだ。大型のキャンピングカーやトレーラーハウスであれば、小さな別荘と思えば宿泊するのに不足はない広さがあり、申し分ないが、多くの人が車中泊に使う車では、積みたい荷物も厳選しなければならないことが多い。

しかし、狭いということも、発想を変えれば、すばらしい長所でもあるのだ。狭い車内には、厳選された、ほとんど必要な物ばかりが身の回りに置かれている。だから、お茶を飲みたければお茶セットが、本を読みたければその本が、ほぼ座ったままでも手を伸ばせば手に入る。家では、それ

前席は狭いとはいえ、工夫次第で生活の場として利用できる。こうすることで後席をベッド専用で使うことも可能となる

らは立ち上がってから、少し歩かねば手に入れることができない。実際経験してみるとこれは大変便利で、車中泊万歳と言いたくもなる。そのためには、荷物や装備を車内に持ち込むとき、車内の生活を考え、厳選することと、使いやすい場所にいかに収めるか、知恵を絞ってよく考えることが大切だ。

移動体である車には定住権が認められないことは、車中泊をする際にいろいろな不便をもたらしている。おもなものは、

①遠慮なく、好きなだけ車中泊できる場所が限られる。

②エネルギーは原則自前で、限られている。

③廃棄物処理が難しい。

の3つだろう。これらの短所に対してどう対処するのがよいかを、基本的な点に絞って考えてみよう。

まず、①の車中泊ができる場所であるが、現状では、正式に車中泊が許される場所はオートキャンプ場とRVパークくらいである。それらが成り立つのは、オーナーが、車でも寝泊りできるよう土地と設備を提供し、換わりに料金を徴収してビジネスにしているからである。

一方、長時間運転して疲れても事故などを起こさないように休憩したり、仮眠したりできる場所として、道の駅、サービスエリア、道路わきの駐車休憩スペースなどがある。これらの場所では利用者の車中泊を想定していないので、聞けば、「車中泊をしてもいいですよ」と言ってくれるところもあるが、断われるところも多い。しかし、これらの場所でも仮眠ならOKだ。そこで少し長めの仮眠を、感謝しながら、遠慮がちにさせてもらうことになる。このような場所を車中泊の候補地に加えることによって、候補地の数が飛躍的に増え、車中泊の旅のメリットが倍増する。繰り返しになるが、利用するときにはマナーと感謝が大切だ。間違っても「当然車中泊のできる場所」と思うのは禁物だ。

②のエネルギーが限られることは、場合によっては深刻だ。車で使えるエネルギー源は、おもに、ガソリン、バッテリー、太陽電池、ガスボンベなどである。電力会社の送電電力、ガス会社のガスなどは使えないので、節約に徹するしかない。詳しいことは各論で述べるが、たとえば、暖房を控えて断熱を工夫する、冷房もほとんど無理なので涼しい高地で車中泊、電気も大容量の機器はやめて小型にする、食事も外食を増やす、風呂は銭湯、など、挙げればきりがない。しかし、これらも発想の転換と、工夫によって、難点を減らしたり、短所を長所に変えたりすることも可能だ。上手に

天気が悪くて目的としていた野外活動ができなければ、予定を変更し、のんびりできる温泉でゆっくりするのもよい

断熱した車内での快適な寝心地、地元名産の料理、ゆっくり日帰り温泉などは、かけがえのない喜びを味わわせてくれる。

③の廃棄物処理（車中泊旅行中に生じたゴミの問題）も難題ではあるが、後に述べるように、わが国の廃棄物処理の仕組みを頭に入れておけば、ゴミを持ち帰るか、ゴミ箱に入れるか、場所によって紛らわしく見えることも、迷うことなく処理できるようになる。外食の利用、ゴミを増やさないよう買うときの工夫も加えて、こまめに、計画的にゴミ処理をすることに慣れれば、長期間の旅行であってもゴミが増えすぎて困るということはないだろう。

出発前には装備を十分に用意し、整備していても、実際に車中泊をしてみると、不具合にいろいろ気づくものだ。荷物置き場に棚がほしいとか、電気機器の配置・配線を変えたいとか、ティッシュ箱を天井に取り付けたいとか、車中泊を続けている間に出てくる課題は、そのつどメモしておく。私の場合には1ヵ月程度の旅行の間に、細かいことも含めれば、10項目以上出てくるのが普通だ。家に帰るとそれらを手直しし、次の車中泊に備える。また旅行中も、1週間に一度くらいは体のリセットのために、ゆっくり休む日を取ることが多いので、そのときを利用して、ちょっとした修理・整備をすることもある。

車の中では料理しづらくても、ちょっと移動すれば、その土地の名物料理を存分に味わうことも可能

車中泊を続けていれば、思いがけぬハプニングがたまには起きると思っている必要があり、それが良いハプニングであれば喜べばよいが、悪いハプニングのときには、まずは冷静になることが大切だ。ただ嘆くのではなく、現実を直視・分析し、どうすれば良くなるのかを考える。嘆きの脳を活動の脳に変えれば、答えが見えてきて、希望の脳に変わる。何回か経験を積むうちに、このような好循環のサイクルが身についていくだろう。

TV番組「ポツンと一軒家」を観て思うこと

景色のよいところで心ゆくまでそれを堪能しながら一夜を明かす、つまり、車中泊をするのが好きだ。適地を求めて、山の奥まで上っていくこともしばしばある。

テレビ番組「ポツンと一軒家」に決まって出てくるシーン、危ない、怖いと言いながら車で細い山道を上っていく。同じではないか！　私もそんな山道を何度上り下りしたことか。背の高いワンボックスカーなので、頭上から道に垂れ下がる木の枝を切り払いながらのこともあった。違うのは、もし、ポツンと一軒家があったとしても、私はまだ家があるなと思いながらその先の道を進んでいく。そして、眺めのよい、駐車できる空き地が見つかれば、そこが私の到着地である。

ポツンと一軒家の持ち主の中には、自分で道を造り、土地を切り開き、自分で家を建てた人もいる。それに比べ、私は出来上がった道を通り、眺めのよいところで車中泊をするだけである。道は、一軒家の持ち主のような、山を切り開いた人や山林の管理者などが造ったものに違いない。駐車する場所は、多分、先人がある目的のために切り開いた土地で、代が変わり、たまたま、空き地の形で残された所であろう。

私が捜し求めている車中泊最適地が、ありそうだけれど、なかなか見つけられない理由もよくわかった。山は数年もすれば、草木が茂り、一変する。先人が切り開いた土地も、使われなくなった後に車が停められる程度の空き地となって残ることも珍しいに違いない。貴重な遺産を残してくれた先人に感謝あるのみ。

ポツンと一軒家の人々の生き方には同感することが多い。すばらしい自然、自由、気まま、好きなことに打ち込めるなど。私は、一ヵ所に定住するのではなく、同じような思いで全国各地を巡っている。

第2章
車中泊のクルマを考える

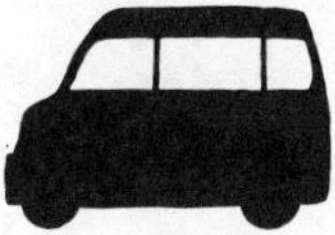

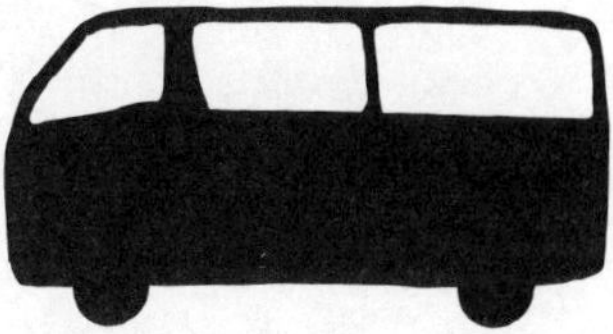

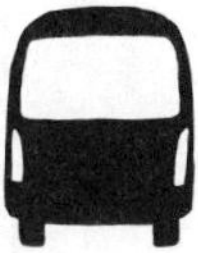

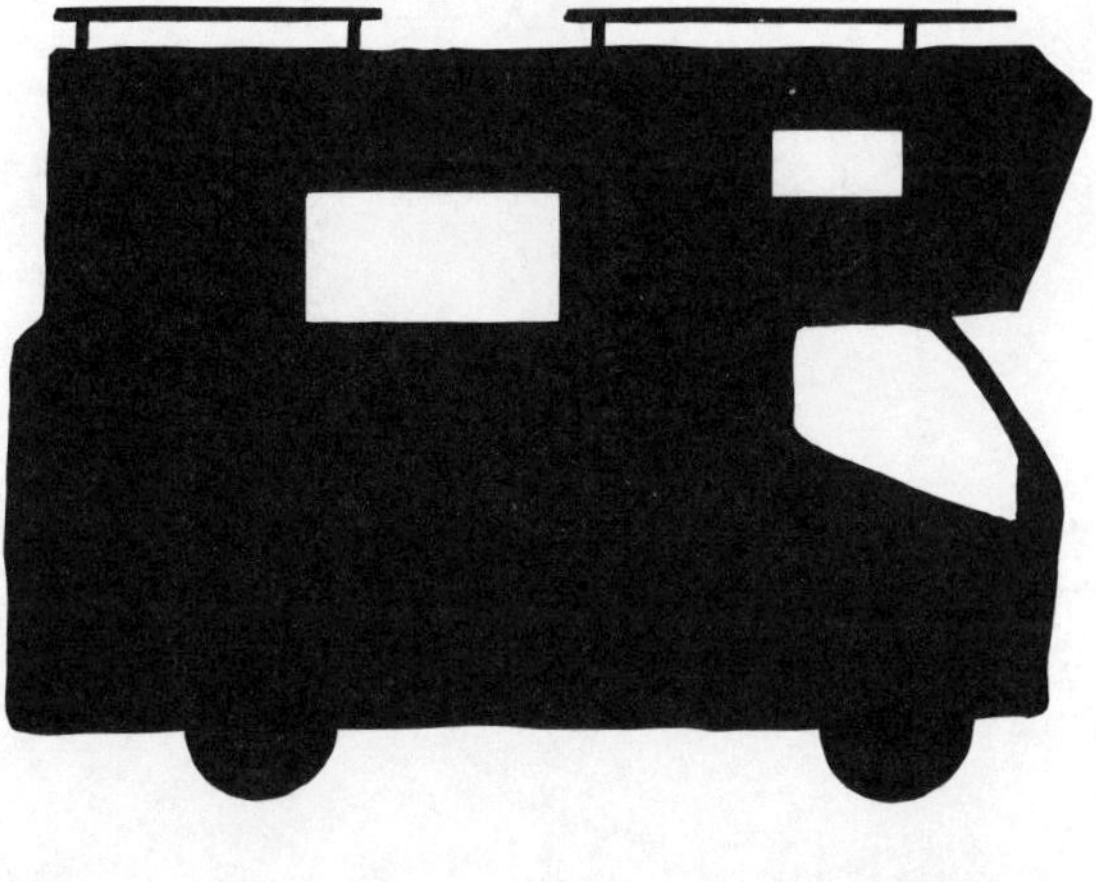

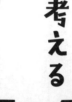

どんなクルマが適しているか

デラックスな車よりも、シンプルな車が向く

第1章で述べたように、車中泊のスタイルは人それぞれ、十人十色であり、「こうでなければ」という決まりはない。また、同じ人であっても、時が経てば変わってくるものである。

したがって、「車中泊にはどんな車がよいか」という問題にも、お決まりの正解はない。また、今使っている車で車中泊をしたい人にとっては、「どんな車がよいか」ではなく「今の車で車中泊ができるか、車中泊をするにはどうすればよいか」のほうが、切実な問題であろう。

そこで、ここではまず、車中泊をするうえでポイントとなる条件を挙げてみることにする。

◉就寝人数に見合った広さであること

車中泊する車に必要な最小限の条件は、乗っている全員が寝るスペースである。就寝人数は、乗

ハイエースをベースにしたキャンピングカー。後席はテーブル付きのラウンジシートを全面ベッドにすることができる

荷物専用のバン(トラック型)であれば、フラットベッドが広く取れるだけでなく、室内天井も高く、楽に車中泊ができる

用車の場合、一般的に言えば乗車定員の1／2から1／3程度が無難であろう。4～5人乗りであれば2人程度、8人乗りなら3～4人といったところである。キャンピングカーの場合は、乗車定員のほかに就寝定員が定められているが、就寝定員いっぱいで寝るのはかなり窮屈であることが多い。せっかくの快適な車中泊環境を活かすためには、これも就寝定員の半分くらいで考えたほうがよいと思う。

一人あたりの就寝スペースで考えると、安眠に必要なのは、足を伸ばして仰向けに横になれるスペースである。足を曲げた状態で寝ることもできなくはないが、この状態のままひと晩寝るのは、やはりしんどいし、朝起きたときに足腰が痛くなったりする。シートの長さが足りない場合は、足もとに荷物を置きそこに足を乗せるようにすれば、荷物の収納の問題解決の一助にもなる。

つまり、最低限の就寝スペースは、「身長×肩幅」ということになるが、幅に関しては、肩幅プラス10センチメートルくらい余裕があると楽だ。このくらいの幅でも、寝返りをうつにはどうしても体をすこし浮かせ気味にしなければならず、最初は眠りが浅くなってしまうかもしれないが、慣れればそれほどの障害にはならなくなるだろう。もし、車中泊することを前提として新たに車を購入する場合は、就寝する予定の人が実際に横になってみるとよい。

◉シートを倒したときフラットになること

設備の整ったキャンピングカーや、車中泊のためにベッドを設置した場合は別として、一般的な乗用車ではシートを倒して寝ることになるが、この際に重要なのは、シートの凸凹を感じないくらい、完全にフラットになることである。短時間の仮眠ならば、リクライニング状態のシートでもよいが、ひと晩寝るとなると、寝返りがうちにくいので疲れやすい。

最近の車では、車室内全体がフルフラットになるものが多いが、フラットになっても凸凹があるものは、寝返りがうちにくく寝心地が悪い。座り心地のよさを追求し、

軽自動車のシンプルなシートは、走行中の座り心地は悪くても、完全に倒した状態でのベッドには適している

人間工学に基づいた形状が採用されているシートよりも、凸凹のないシンプルなシートのほうが、車中泊で寝るときには快適である。

ただ、シートの凸凹は、マットなどを敷いたり、詰め物をしたりすることによってある程度解消できる。実際には、車内でシートに座っている時間もあるのだから、凸凹のない座り心地の悪いシートを選ぶべしと、一概に言えるものではない。また車種によっては、後席のシートを倒せば荷物室ができる。この場合、背丈の長さが確保できるようであれば、ほとんど完全なフラットスペースができるので、マットなどを敷けば理想的なベッドを作ることができる。

◉車高が高いこと

車中泊の生活では、寝るだけでなく、車内で着替えたり、飲食をしたり、寝床の準備をしたりといった動きを行なうことになる。このようなとき、屋根が低い車は不自由を感じることが多いであろう。車高が高く、車内の頭上のスペースが広い車のほうが、車中泊には適している。また、天井が高いと、棚を作りつけたり、フック等を利用してものを吊り下げるなど、頭上のスペースを収納場所として有効に活用することもできる。

◉荷物が十分に積めること

どのくらいの荷物を積むかは、車中泊の目的や期間、その人の生活習慣などによって違うので、一概には言えないが、やはり必要な荷物が積めないのは不便である。特に、見栄えの良い車は、収納の面ではあまり良く考えられていないのでは？ と感じることがしばしばあるので要注意だ。キャンピングカーにしても、デラックスなキャンピングカーの車内がきれいに飾り付けられて展示されているのを見れば、「いいなあ、すばらしいなあ」と思うが、よくよく見ると荷物はどこにしまうのだろうということがある。

また、床下収納はスペースの有効利用になり、便利なように思えるが、実際は、出し入れのたびに上に乗っているさまざまな物を動かさねばならないことも多く、利用の仕方に工夫がいる。とくに問題があるのは、セダンのトランクルームで、雨が降っていて外に出たくないようなときに荷物の出し入れをするのに閉口する。

これらの条件を考えると、キャンピングカーのほかに、「ミニバン」や「ワンボックスカー」が車中泊に適した車と言うことができる。また軽自動車のなかにも、車高が高くてサイズの割に空間が広く、シンプルなので車中泊に使いやすい車種が少なくない。最近はメーカーが、車中泊利用も

念頭に置いて開発している軽自動車も目につく。

もちろん、この他のタイプの車であっても、それなりに工夫すれば車中泊に使うことができる。また、日常に使う車とは別に車中泊専用の車を持つのであれば、車中泊の適性だけを考えれば良いが、一台の車を日常的な用途にも車中泊にも使う場合は、両者のバランスをどうするかという問題が生じる。端的に言えば、キャンピングカーは車中泊には最適だが、キャンピングカーを通勤や買い物に使うのはどうだろう？ということである。

これは、「使う人の気持ち次第」ではあるが、難しい問題である。日常的な使い方は人により違い、どんな車中泊をしたいかも人により違う。もちろん、各人の車に対する好みの問題も大きい。たとえ車中泊には適さない車であっても、その車が好きだとか、普段使いにはその車でなければ困るという人は、その車で車中泊をするにはどうすればよいかを考えればよいのである。

たとえば、次のようなことをしてみるのもよい。仮に、車中泊専用の車を選ぶとしたら、自分はどの車にするかを考えてみる、いっぽう、日常用ならどの車にするかを考える。両者がたまたま一致すれば申し分ないが、おそらく違っているだろう。その差がどこから生まれたのか、矛盾を解決する手立てはないか、どちらかを優先あるいは妥協する道はないか、など、さまざまな角度から考

キャンピングカーを購入するつもりがなくても、キャンピングカーショーなどに足を運ぶと、自分の車中泊の参考になる

えることによって、自分が満足できる答えを見つけることができるのではないだろうか。

車中泊だけを考えればキャンピングカーは最高だ。ただし自分の使い方をよく考え、慎重な選択をしたい。写真はジャパンキャンピングカーショー2020より

ミニバン

日常に使える車ではもっとも車中泊向き

ミニバンは、買い物などの日常用途に抵抗なく使うことができる車のなかでは、もっとも車中泊にも適したタイプと言えよう。車室内が広く、天井が高いので、車内での活動や荷物の積載にもゆとりが生まれ、快適な車中泊が可能だ。多目的用途に使えるよう設計されているため、シートアレンジが多彩なのも、車中泊に重宝する。

ほとんどの車種は3列シートであり、乗員が1人あるいは2人であれば、後ろの2列をフラットなベッドスペースにしたまま使うことも可能であり、荷物室のように完全なフラットになる車種であれば、理想的なベッドスペースになる。就寝時にそのつど、シートを倒したり荷物を移動したりする手間が不要となる。また、子どもが小さければ（小学校低学年くらいまで）、大人2人＋子

ミニバン
Mini Van

トヨタ・アルファード。普段の街乗りに無理なく使えるデザイン、スペックながら、車内が広く車中泊にも人気

3列シートは、サードシートを両側に跳ね上げ、セカンドシートを前方にスライドさせて大きなラゲッジスペースを創出できる（左上）ほか、フロント・セカンドをフラットにしたり（左下）、セカンド・サードをフラットにしたり、セカンドシートをゆったりしたリクライニングにしたり（右下）と多彩なアレンジが可能

ミニバン
Mini Van

日産セレナ。ミニバンクラス最大の室内広さを誇る。全方位運転支援システムを標準装備

ども2人での車中泊もできる。天井が高い車種であれば、その空間を活かし、フラットにしたベッドスペースの上に棚を作って、子どものベッドや荷物置き場とするのも良いだろう。

ミニバンのシートは、座り心地の良さを求めたものが多いので、車種によっては、フラットにした際にシート間の隙間や凸凹などがかなり生じてしまう。デラックス車ほどその傾向が強いが、マットなどを敷いたり、隙間や凸凹に詰め物をしたりすることで、快適に寝ることができる。最近のミニバンはデラックス化しており、車高が低く、室内長が短い車種もあり、それらはゆ

3列シートは、シートの中央部分をそれぞれセンターウォークスルーにすることができ、アレンジのバリエーションが多い。1、2列をフルフラットにしたり（左上）、3列目を左右に跳ね上げたり（右上）、2列目を前後に大きくスライドさせたりが可能

ったりと車中泊するには難がある。

ワンボックスカーやキャンピングカーに比べれば車室内は狭いゆえ、荷物が多いと置く場所に苦労することもあるが、工夫次第で、快適な車中泊が可能だろう。

子ども用ベッドにもなる自作棚

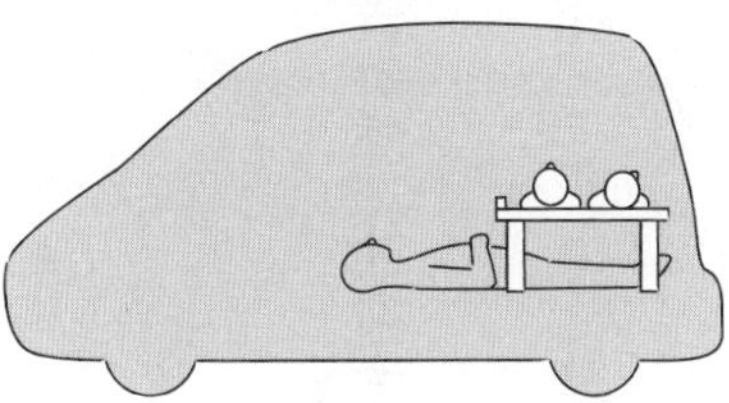

ミニバンやワンボックスでは、図のように二段ベッド状の造作を設ければ、就寝スペースの上を有効活用できる

ワンボックスカー

自分の好みに合わせて改造するにも最適

エンジンが運転席の下に置かれ、乗員空間と荷室空間が区切られずにひとつの空間（ボックス）になっているワンボックスカーは、キャンピングカーのベースとしても多用される。立体駐車場などでの不便はあるが、街乗りにもそれほど抵抗なく使うことができ、トラックベースのキャンピングカーに比べれば、走行性能がはるかに高い。

運転席が車の前部に収まり、その後ろの空間が非常に広い点が、車中泊においては最大の魅力。2人での使用なら、ゆとりのある車中泊ができる。走行中も後ろの部分を無理なくベッドスペースのままにしておくことが可能だし、走行時と就寝時にレイアウトを変更する場合も、荷物などの移動は少なくて済む。私も、ワンボックスペースのキャンピングカーを乗員2人で使っているが、荷

ワンボックスカー
One Box Car

日産NV350キャラバン。ハイエースと並ぶ国産ワンボックスの定番。車中泊用としてどちらを選ぶかは好みの問題だろう

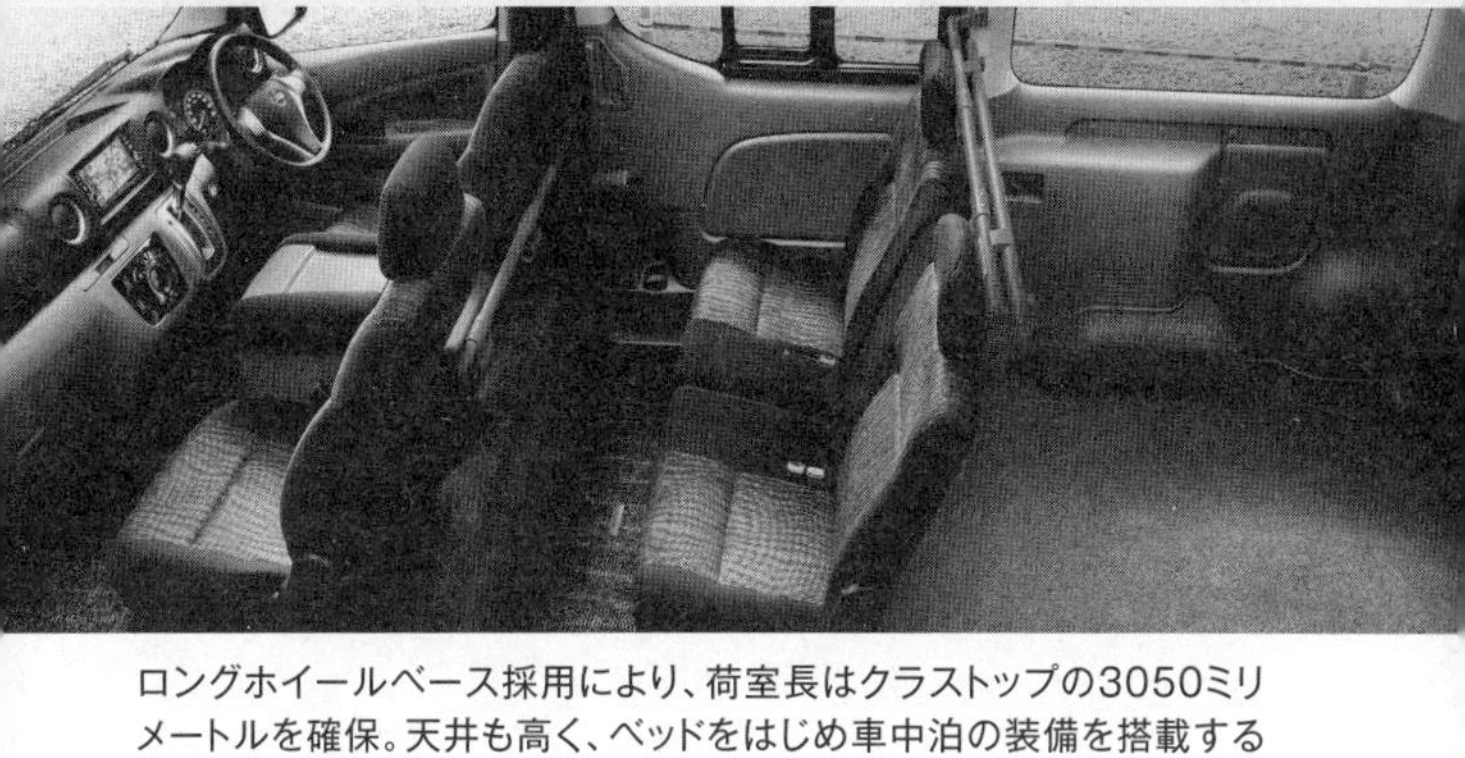

ロングホイールベース採用により、荷室長はクラストップの3050ミリメートルを確保。天井も高く、ベッドをはじめ車中泊の装備を搭載するのに最適。荷室内のルーフサイド部、ウエスト部、ラゲッジフック用に設けられた各ナットに、専用のディーラーオプションも多数用意され、好みの車内にアレンジすることができる

ワンボックスカー
One Box Car

トヨタ・ハイエース。キャンピングカーのベース車両として多用され、オリジナルの車中泊車に改造する人にも人気

物の収納場所に困ったことはまずない。

また、3〜4人での使用もできないことはないが、それなりに窮屈になることは覚悟した方がよい。二段ベッド状の棚を作れば、さらにスペースが有効利用できるだろう。ポータブルトイレを置くこともできるので、ミニバンに比べより本格的な車中泊生活が可能となる。

市販キャンピングカーの機動性や収納性に飽き足らない人のなかには、ワンボックスカーの車内を改造し、利用している人が多い。このような改造には、ワゴンと呼ばれる乗用車系の車種よりも、バンタイプの商用車のほうが自由度が高く、向いている。

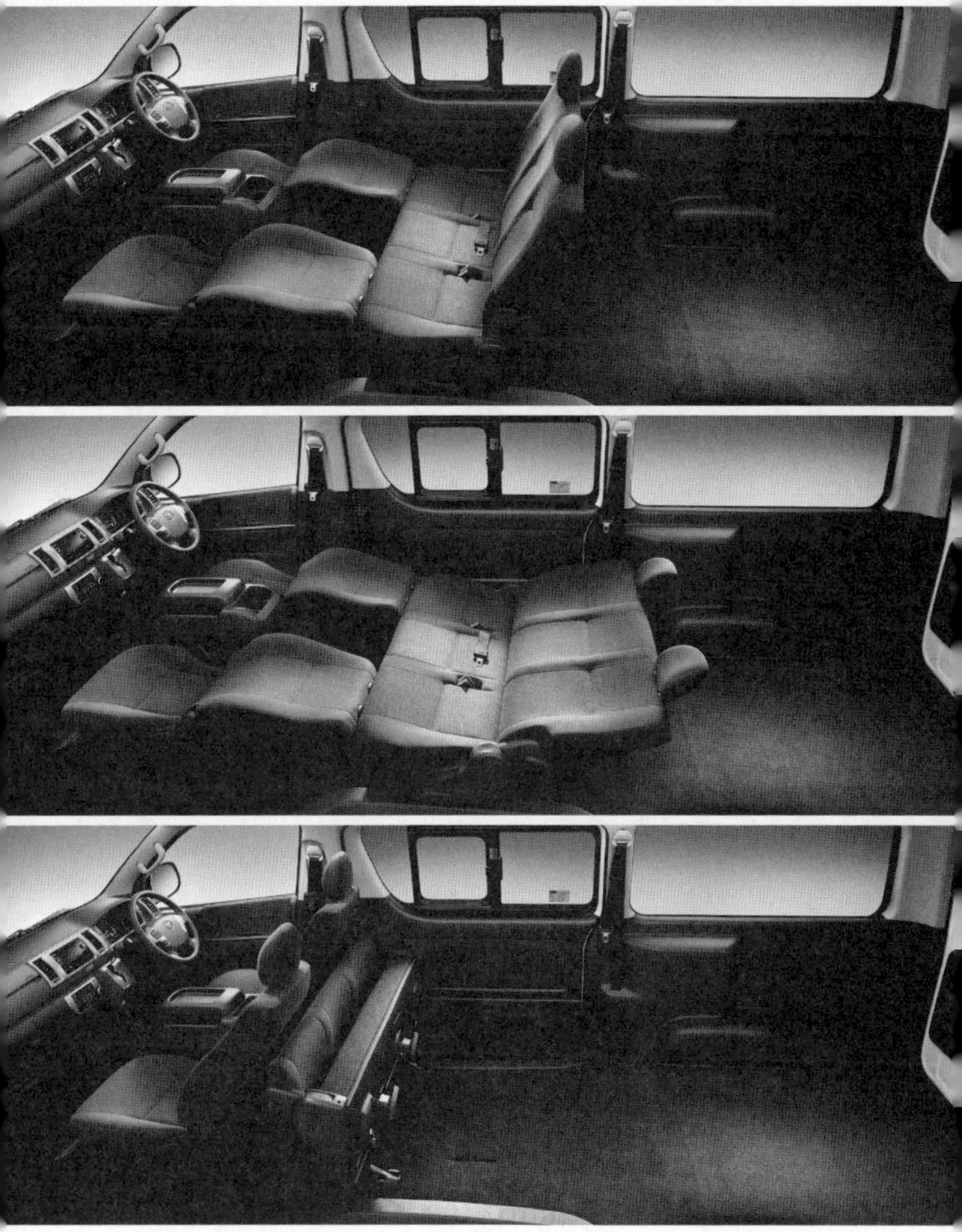

荷室長は3000ミリメートル。フロントフラット（上）、オールフラット（中）、リアシート折りたたみ（下）と、シートアレンジも多彩。リアシート通常状態でも1855ミリメートル（前方にスライドすれば1975ミリメートル）のスペースがあり、固定ベッドを置くことも可能だ。

キャンピングカー

レンタカーなども利用し慎重に検討すべし

キャンピングカーは、車中泊をするために造られた車であり、寝泊まりだけを考えれば、理想的と言える車だ。車中泊で問題となる、ベッドメイク、窓の遮蔽、断熱、照明、炊飯設備、洗面、トイレなどの心配は、ほとんど無用となる。

ただし、市販のキャンピングカーは、その名の通り野外でキャンプすることを想定して設計されているので、キャンプ以外の多様な目的のために車中泊をするには、必ずしも最適とはいえない。また、キャンピングカーの多くは、車室内でくつろぐ雰囲気の良さを強調した設計になっているが、荷物の収納はあまり配慮されていないのではないかと思う。極端な例では、棚すらほとんど見当たらないものもあった。バンタイプのワンボックスカーを改修して車中泊に利用している人も多いのは、そんな理由があるのだろう。

　そして、車体が大きいキャンピングカーは、山道などの細い道は走りにくいし、駐車場にも不自由する。本格的なものになると、一軒の家を背負って走行するようなものだから、宿命的に走りも悪くなりがちである。車中泊用のセカンドカーとして所有するなら良いが、キャンピングカーを日常の用途にも使うとなると、やはり不便な点が多い。特に外国製の、大型でデラックスなキャンピングカーなどは、実際問題として日本国内では使える場所も限られてくる――オートキャンプ場がメインとなる――のではないだろうか。しかし一方で、キャンピングカーには軽自動車をベースにしたものもあり、これならば細い道での取り回しや、日常用途の使いにくさといった問題は解決する。

　最近は、8ナンバー取得のメリットが少なくなったこともあってか、さまざまなタイプ・仕様のキャンピングカーが市販されている。炊事設備すら持たないキャンピングカーもある。高価な買い物でもあるので、十分に吟味し、自分の車中泊に向いた車を選びたいものだ。とは言っても、種類が豊富であるだけに、どのキャンピングカーを選べば良いかは非常に難しい問題だろう。キャンピングカーを貸し出しているところもあるので、なるべく候補車種に近いタイプをレンタルし、お試し車中泊をしてみるのも一法である。

キャブコン
Cab Conversion

ミスティック・アンセイエ。いかにもキャンピングカーという感じがするタイプ。トラックの荷台に家を載せたような形で、居住区画がほぼ独立しており、家族やグループでの使用に向く。運転席の上に突き出たバンクベッドが特徴的で、6人以上の就寝スペースを持つ車もある。トラックベースで重量もかなりあるため、走行性はあまり良くない（ベースが乗用車系のキャブコンはこの限りでない）

居住空間はほぼ独立しており装備も充実。この車の場合、中央のダイネットは、テーブルを外しシートを倒して1人分のベッドにもなる。走行中は前後とも前向きにすることが可能

運転席上のバンクベッドは2人用。最後部の二段ベッドと合わせ、就寝定員は5名。ダイネットがテーブルを置いた使用状態のままでも、大人4人が寝ることができる

バンコン
Van Conversion

ミスティック・ウィンピュアシェルラ。バンタイプのワンボックスカー（トヨタ・ハイエースや日産キャラバン）をベースにしており、フル装備可能なキャンピングカーとしては小ぶり。街乗りにも抵抗なく使うことができる。日本の環境に合ったキャンパーと言える。駐車スペースは大型乗用車と変わらないが、車高は要注意（特にハイルーフタイプや、屋根の上に造作を施した場合）

5人掛けダイネット（2列目、3列目シート）が完全フラットなベッドになる。ハイルーフ仕様で室内高さは1.9メートルを確保。天井付近にはキャビネットが設けられている

最後部に二段ベッドがあり、就寝定員は4人。ベッドマットは着脱式で、収納場所としても利用可能。2人車中泊なら、ダイネットをそのままにしてここで寝ることもできる

バスコン
Bus Conversion

フィールドライフSEED。マイクロバスをベースにしたキャンピングカー。2部屋を備えるモデルもあり、乗車定員10人·就寝定員5~6人といったスペックで、家族ぐるみでの車中泊が余裕で可能になる。走行性や乗り心地も良いが、駐車スペースが限定される

このモデルは三菱ローザ ショートをベース車としている。バスコンならではのスペースを、余裕のあるレイアウトでゆったりと使っている。ギャレーも大型だ

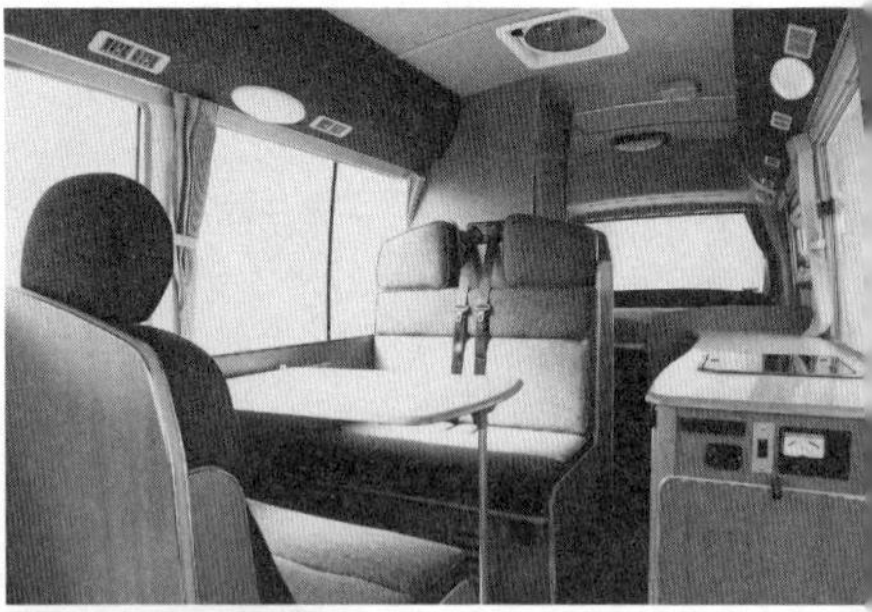

後部に設えられたベッドはツインタイプ(コの字型)で、中央に補助マットを入れることでフルフラットにもなる。就寝定員は5名

TACOS（タコス）MIMIe310トレーラー。ヒッチメンバーを取り付けた車で、牽引するタイプ。法律で定められたサイズと重量以下なら牽引免許は不要。牽引車から離して置いておけば、自由に行動できるという長所がある。欧米ではもっともポピュラーなキャンピングカーであるが、狭い日本ではあまり普及していない。運転にそれなりの技術は必要

これは公道走行に牽引免許が必要なクラス。そのサイズを活かし、前後に分かれた2ルームレイアウトが採用されている

フロント側の部屋は対面式ダイネット。車中泊人数が少なければ、こちらをベッドルーム専用として使うこともできる

軽自動車

サイズの割に広く、シンプルな車内は車中泊向き

軽自動車を好んで車中泊に利用する人は意外に多い。軽自動車をベースにしたキャピングカーもなかなかの人気だ。軽自動車は、絶対的な車室内空間は狭いものの、その空間を最大限に利用して、車中泊利用も含め、多目的の用途に応えようという設計思想が貫かれているからであろう。

車高の高い車種であれば、小さい割に車内空間が広い（地面への投影面積は小さいが、壁が天井で狭まらずほぼ垂直）ので、荷物も多く積めるし、車内で人が動きやすい。シンプルなシートも、走行中に座っているには快適ではないかもしれないが、フルフラットにすれば理想的なベッドとなる。車中泊には不要なデラックス性を排した軽自動車の合理性は、車中泊と相性が良いのである。

もちろん、車中泊できるのは1人か、無理をしても2人だし、大柄な人や、荷物が多い車中泊に

スズキ・エブリイワゴン。荷室が広く積み下ろしがしやすいという商用車としての特性が、車中泊での使いやすさにも通じる

軽自動車
Kei Car

ダイハツ・アトレーワゴン。フロント部を短縮しエンジンを床下に配置することで、広い室内空間を実現している

は向かないのは致し方ない。荷物の積み替えや、車内の模様替えなどの際も、車外から行なわなければならない場合が多く、これも不便である。また、車そのものの性能も、他のタイプの車には劣る。一方で、購入費用や維持費が安く、狭い道にも入り込める機動性は抜群だ。夫婦2人で軽自動車での車中泊旅行を楽しんでいる例も多く、長所・短所をよく見極めて使い方を工夫すれば、手軽で快適な車中泊を実現できるだろう。

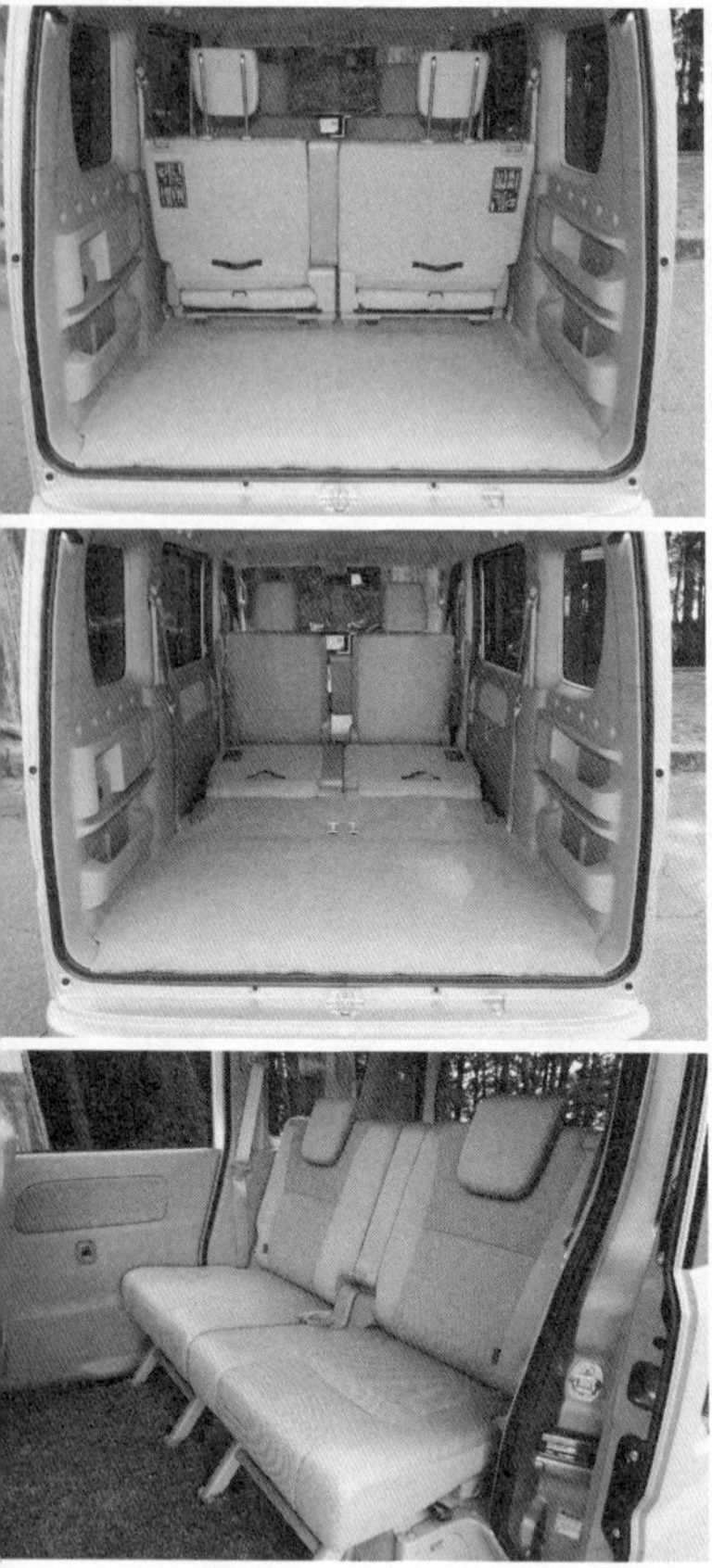

エブリイワゴン。リアシートを前方に倒すと（中）、フラットな床面は1955ミリメートルの長さ。幅も1.4メートル近く、1人か2人での車中泊ならベッドスペースとして十分な広さ。写真は標準ルーフ仕様だがハイルーフ仕様もある。バーやラック、ルームランプなど便利なオプションも用意

アトレーワゴン。リアシートは180センチメートルの前後スライド&足元に格納（前に倒す）可能。中央写真のような全面フラットのほか、片側だけを倒しシングルベッド状にもなる。フロントシートのヘッドレストを外し、前後のシートを後ろに倒してもほぼフラットなベッド状になる（下）

軽キャンピングカー
Kei Camping Car

オートワン・給電くんポップアップ。一般的なキャンピングカーに比べて安価であるのに加え、小回りが利いて、街乗りにも抵抗なく使うことができるのも魅力である。市販モデルはバンクベッドを設けたキャブコンタイプが多い。1人、ないし夫婦2人程度しか寝ることはできないし、積み込める荷物も限定されるが、使い方と工夫次第で十分満足にいく車中泊ができる

中段に三つ折りの床板を敷き、ポップアップテントを展開すると2人就寝可能なスペースに。床板を外せば、階下は大人が立って着替えもできる空間

ベース車両はエブリイ・バン。後席〜荷室部分がフラットスペースで、跳ね上げ式のシンクやテーブルも装備。床下収納をはじめ物入れも豊富

その他のタイプの車

車室内の狭い車は体調管理に注意

車中泊に向いている車をボディタイプ別に見てきたが、もちろん、どんな車でも欲を言わねば車中泊に使える。おそらく、多くの人は、日常用途を主目的に車を購入しているはず。車中泊使用時の欠点を、自分の好み（逆に、どんなことが嫌いか）に合わせて補ってやれば、それなりに満足（納得）して車中泊をすることができよう。ただし、寝心地の悪い車は、やはり仮眠程度にとどめるのが現実的となる。

私も最初は、所有していたセダンを使い、車中泊をしていた。特別に装備や対策をすることなく、仮眠の延長のような車中泊であったが、セダンの機動性は、私の当時の車中泊スタイルには合っていたと思う（もっとも、その後、セダンでは満足がいかなくなってキャンピングカーを購入したの

ホンダCR-V。SRVながら車内空間が広く、3列・7人乗りを実現（2列・5人乗り仕様もあり）。同仕様でe:HEV車もある

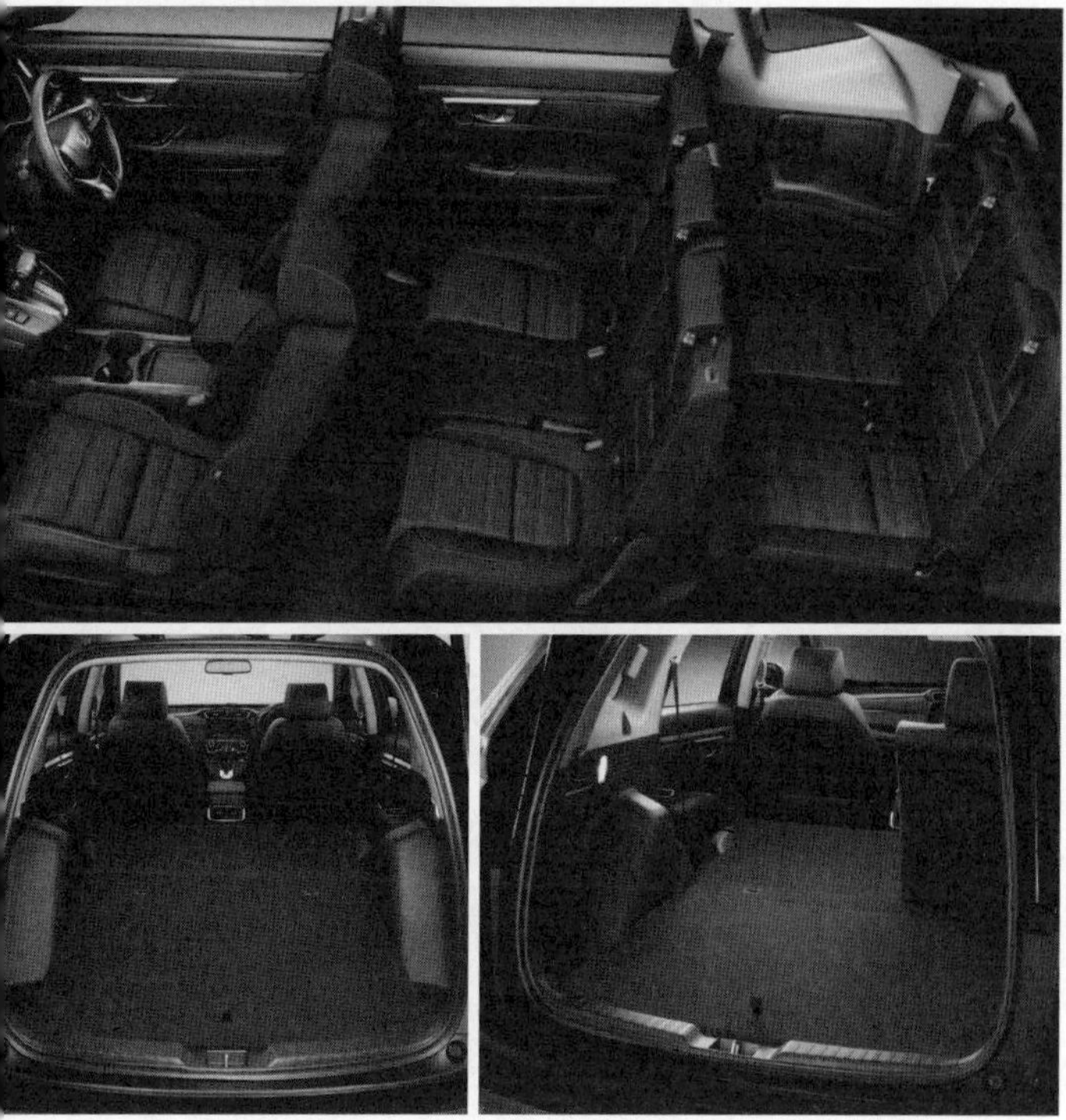

2列目シートは1アクションで倒すことができ、フラットな荷室に（下段左））。片方ずつ倒すこともできる（下段右）。3列シートの場合も、普段使わないときは3列目をたたんでおくことができ、2列・3列目をたたんでフラットにすることも可能。荷室床面は上下二段階に設定できる

トヨタ・タンク（現在はルーミーに統合）。コンパクトボディながら5人乗りの広い車内空間、6:4分割のリアシートはそれぞれ最大24センチメートル前後にスライドでき、70度のリクライニングが可能。フロントシートも倒してフルフラットにしたり、前方に倒して広い荷室にしたりが（左下）、レバー一本で簡単にできる

であるが）。

セダンで1人で車中泊をするなら、助手席側をベッドスペースとして使い、運転席の後ろとトランクルームに荷物を置けば、ベッドメイクの手間が不要となる。倒したシートが完全フラットにならないものが多く、また座り心地を追求したシートなので、快適に寝るためには、マットを敷いたり、凸凹や隙間に詰め物をする必要はあるだろう。

車高が低く、車室内が狭いので、車中泊生活に際しては不自由が多い。車内に長時間閉じこもることを避けるなど、体調管理に気をつけたい。また、トランクルームが

座席側とつながっている、トランクスルーの車であればよいが、外からしか荷物を出し入れできない車では、夜間や雨の日などは、必要になりそうなものはあらかじめ、車内に取り入れておくなどの配慮も必要となる。

ステーションワゴンでは、運転席の後部（荷室）は完全にフラットになり、ベッドスペースとして理想的だし、荷物積載にも余裕が生まれる。天井は低いが、1人で車中泊するのであれば十分な空間であり、運転中にも荷室をベッドスペースのままとしておくことが可能で、ベッドメイクの手間がいらない。寝ている間も、運転席を運転ができる状態にしておくことができるのは、安心でもある。

そして、最近人気の高いSUVだが、多くの車種では車高が低く、車室内が狭い。シートもデラックス志向のものが多く、ベッドとしては寝心地が悪い。3列シート、7人乗りで、車中泊向きかなと思われる車種もあるが、全体としては車中泊に使いやすい車とは言い難い。ただ、SUVのような車は、個人の強い趣味嗜好で選ばれる車であるから、普段使っているSUVで車中泊をする人もいるだろうし、それが間違った選択というわけではない。

フラットスペース「身長×肩幅」の意味するところ

快適に車中泊をするための必須条件として、ベッドには「身長×肩幅」のフラットスペースが必要であり、できれば、前後左右に10センチメートルくらいのゆとりがほしいことを提唱してきた。他の解説書でも、同様の基準が言われているようである。

ただ、これは、どんな場合でも絶対これでなければ、というものではない。たとえば、肩幅方向の10センチメートルのゆとりは、寝返りを打つために必要なものだが、ほとんどゼロでも、寝返ることができる人もいる。反対に、体を持ち上げたり、ずらしたりすることができなければ、ごろごろと転がるには家で使う布団くらいの幅が必要になるだろう。車は狭いので、何とか10センチメートルくらいに、というのが、本音である。

身長方向の10センチメートルはさらにアバウトである。寝ているときに身長方向にはあまり動かないので、もっとゆとりを小さくしても差し支えない。ただ、このくらいあると、圧迫感がなく、物を置くこともでき、文字通りのゆとりと考えてよい。

フラットスペースの広さについても、いろいろの考え方ができる。とくに身長方向は頭からお尻あたりまでがフラットであれば、十分という場合もある。たとえば、足の部分は何もなく、空洞になっていても、足先、踵が、心臓より低くなく、しっかりした所に置けるのなら問題ない。人によっては、横向きで体をくの字に寝る以外は無理ということもあるだろう。この場合には、身長分の長さは必要ないし、むしろ横幅にゆとりがほしいだろう。

結局、本人がこれで満足というフラットスペースの広さが必要なのだ。ただ、初めは目安があると考えやすいだろう。それが「身長×肩幅」という、大抵の人に当てはまる、この基準なのだと理解していただければと思う。

第3章 快適な車中泊のための装備&グッズ

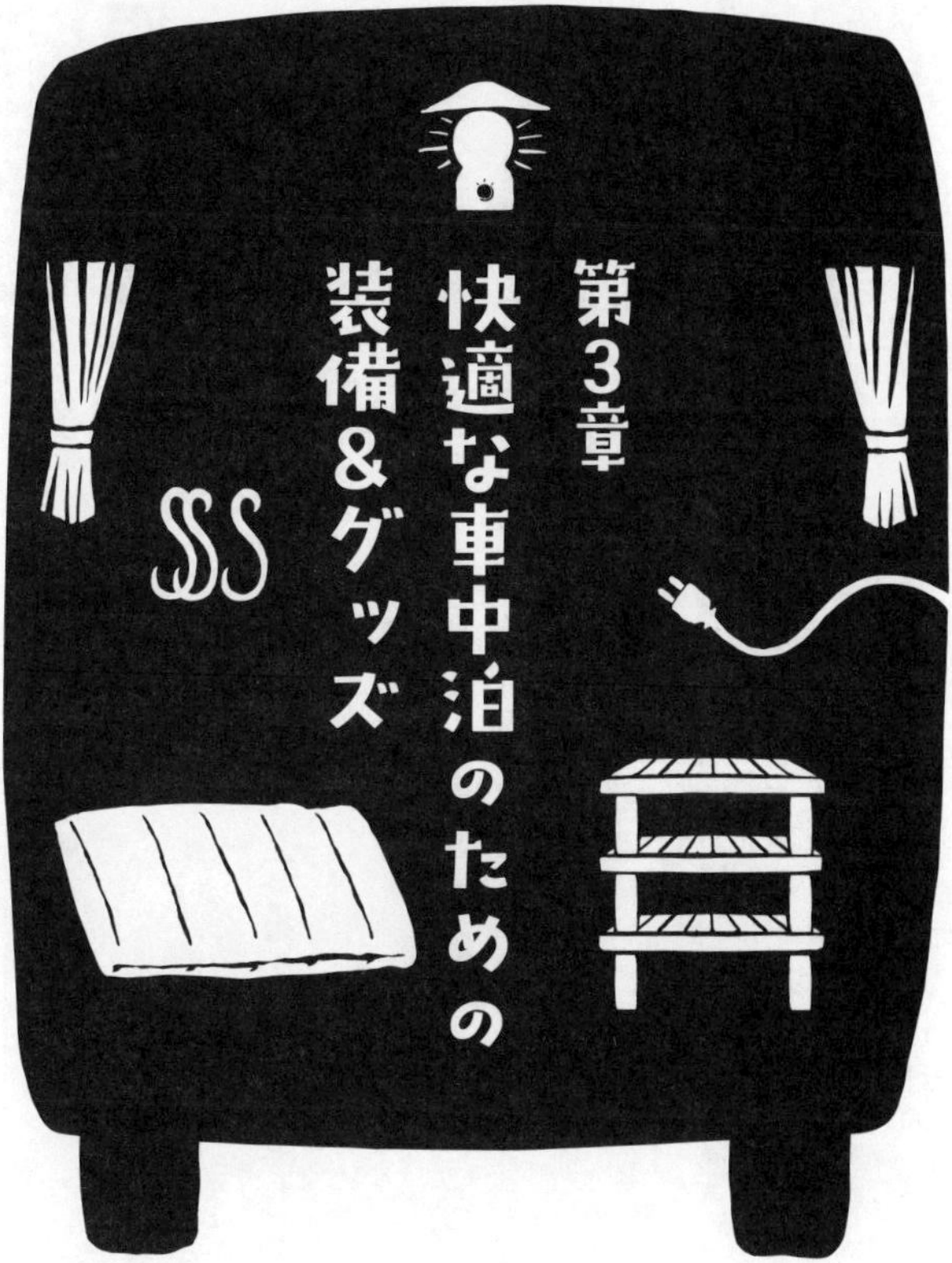

最低限の装備について

まず欲しくなるのは、目隠しや懐中電灯など

道の駅などで、車中泊旅行をしている車に出合うと、その車内にはさまざまな装備やグッズが積み込まれている。自分の使い勝手に合わせて、車内を改造している人も多い。かく言う私の車もそうであり、自分としては必要なものばかりなのだが、他人の目から見れば、なんと雑多なものを積んでいるのかと、あきれられる状態に違いない。

車中泊のためにどんな装備をすればよいかは、車中泊の目的によっても違うし、各人の生活習慣や好みによっても違う。もちろん、車中泊に使う車の車種によっても違うので、ここで一概に論ずるのは難しい。たとえばキャンピングカーであれば、最初から車中泊に必要な装備がある程度揃っている。逆に言うと、「キャンピングカーを購入するか否か」「どの車種のキャンピングカーにする

暑くも寒くもない時期、サービスエリアでの仮眠の延長として一泊程度の車中泊をするなら、特別な装備は必要ないだろう

か」が、装備の選択そのものということにもなる。

暑くもなく寒くもない、つまり車中泊に最適な春・秋のシーズンであれば、特になんの装備も用意せず、車中泊することはできる。シートを倒してリクライニング状態にし、着替えもせず、文字通り仮眠の延長としての車中泊である。道路渋滞などのアクシデントで、パーキングエリアでの仮眠を経験したことがあれば、どんなものかは想像できるだろうし、不安も少ないだろう。

ただし、このような車中泊はせいぜい一泊までで、何泊もするのはお勧めしない。寝るときの姿勢に無理があって、朝、起きたときに体が痛いとか、十分に疲れが取れていないとか、あるいは周りが気になって熟睡できなかったとか、不具合が生じるものである。

その不具合を解消もしくは軽減するために、車中泊のための装備やグッズを用意することになる。

最初に考えられるのは、

●目隠しや、日差しを除けるためのシェードやカーテンなど。

●洗顔、歯磨き道具。

●夜間の活動に必要な懐中電灯など。

ではないだろうか。その後、自分がなんのために車中泊をするのかという、目的が固まってくれば、それに見合った装備を準備していくことになろう。

また、同じ人・同じ目的の車中泊でも、経験を重ねるにつれて、車中泊のスタイルが変化し、必要な装備も変わってくるものである。それゆえ、これから車中泊を始めようという人は、まずは必要と思われる最低限の装備で始め、回を重ねるにつれて徐々に増やし、取捨選択していくのがよいであろう。自分の家の駐車場や、すぐに自宅に戻れるところにある駐車場での「お試し車中泊」をしてみれば、車中泊に対する不安だけでなく、当面必要な装備もある程度わかってくるはずである。

私が使っている洗顔・歯磨きセットと懐中電灯。風呂に行く際には風呂道具と一緒に歯磨きセットを袋にまとめ、カゴに入れていく

外からの目が気になるならカーテンやシェードを。防寒も兼ねる場合は、92ページで紹介するような装備が必要となる

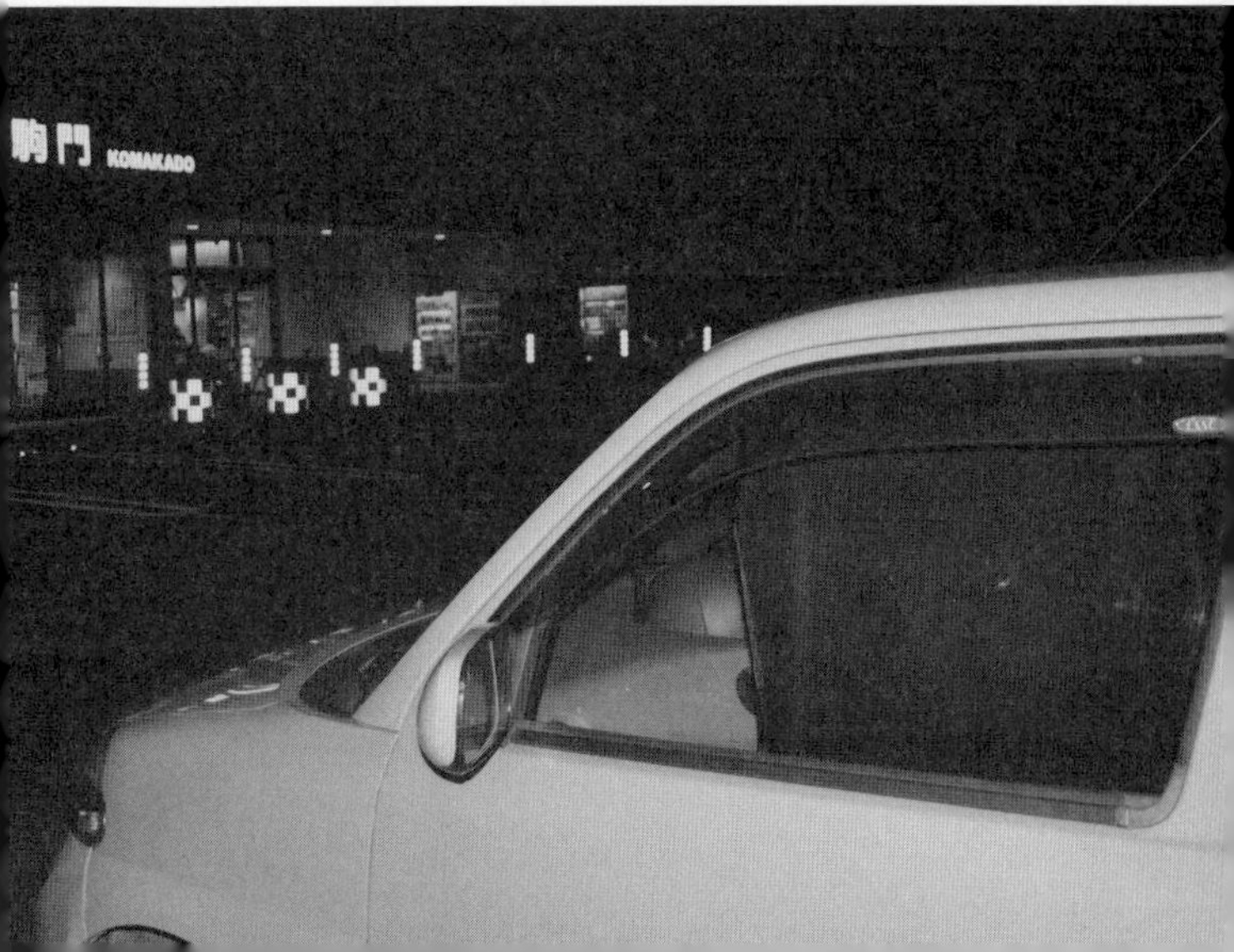

ベッドメイキングと寝具

シートの凸凹を平らに。お勧めはエアマット

最初から就寝用のベッドが備えられているキャンピングカーは別として、その他の車では、車中泊時はなんらかの方法でベッドを作らなければならない。一般的には、座席（シート）を倒し、そこで寝ることになるが、ワンボックスタイプのバンならば、フラットで広い荷室がベッドの床として最適である。最近は乗用車系でも、荷室仕様にできる車種もある。

車選びの章で触れたように、座り心地の良さを追求したシートほど、座った状態の体にフィットさせるために凸凹が多く、フルフラットにしても寝心地が悪い。寝返りが打ちにくいので、短時間ならばよいが、長時間寝ると熟睡できず、疲れやすいのである。その点、運転中は座り心地の悪い商用タイプ車や軽自動車のシンプルなシートは、フルフラットにすれば、毛布などを敷くだけで快

かさばり、天井までの高さが低くなるが、昼寝マットを置くだけで、シートの凸凹があっても、フラットベッドができる

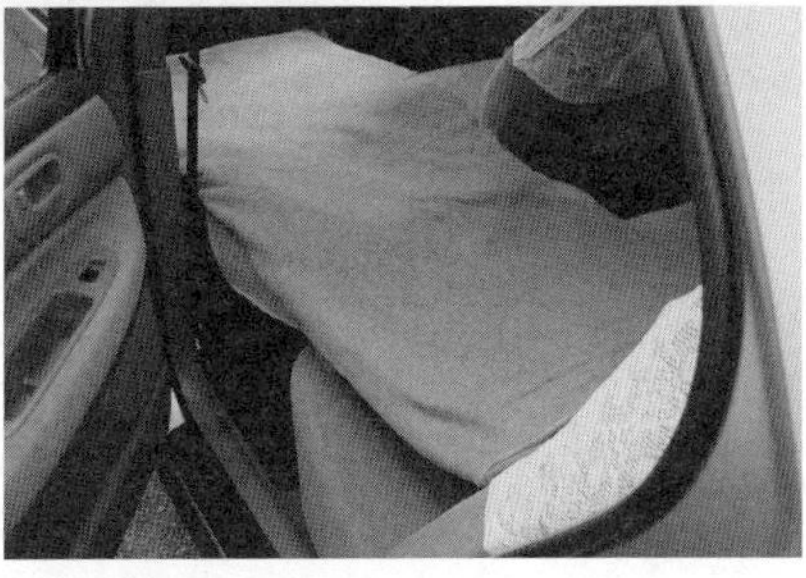

昼寝マットや、長い板でベッドを作ると収納場所の問題があるが、このようなハーフサイズの板をシートと組みあわせる方法もある

適なベッドとなる（ただし、以前のように、そのままベッドとなるような完全に平らなシートは、ほとんど見られなくなってしまった）。

凸凹が多く寝心地が悪いシートの場合、お勧めはマットを使うこと。キャンプ用のエアマットのなかには、高価ではあるが空気を充填すれば非常に硬くなり、通常のベッドと変わらないほどの寝心地を得られる商品もある。エアマットならば、使わないときにコンパクトになるが、ベッドメイクのたびに空気を入れる手間が生じる。エアを充填するタイプではないマットや単なる板を利用してもよいが、使わないときに収納場所を取ってしまうのが欠点である。

マットなどは用意しない車中泊で、ありあわせのもので済ます場合、より簡易的な方法として、シートの隙間に詰め物をし、できるだけフラットにするという手がある。詰め物は、タオルや衣類などなんでもよい。最後に全体に毛布やフリース布などを掛けて形を整えれば、これだけでも寝心地はずいぶん違う。

また、倒したシートにそのまま寝ると、頭部の段差が気になるなどで寝心地が悪ければ、反対向きに寝てみるのもよい。仮に、そうすると足が高くなってしまうシートであったとしても、そのまま足が高い状態で寝る。車中泊旅行で、シートに座っている時間が長くなると、どうしても足がむくみがちになるものだが、その対策としても足を高くして寝るのは有効だ。

荷物を足もとに置き、荷物の上に足を乗せて寝てみるのもよい。ベッドの〝長さ〟を稼ぐと同時に、就寝時の荷物の置き場対策になる。そしてこの場合も、足の位置を高くすることが体調維持の一助となるであろう。また、乗用車の場合は、前席を倒してではなく、後席の座部に横方向に寝る方法もある。このほうがフラット性は高いが、長さは制限されるので、背の高い人には窮屈である。

DIYでベッドを作ることも考えられる。最近は、オプションとして車中泊用のベッドが用意されている車種も見られるので、これを利用するのもよい。

なお、寒い時期の車中泊では、ベッドメイキングの際に毛布やフリース布などで車体の隙間を埋めることが必要だ。特に床側からの冷気を遮断することで、より快適に寝ることができる。

寝具は、寒い時期でなければ、タオルケットや毛布、フリース布などが使い勝手がよく、一般的である。このなかでもフリース布は、後述する車内の防寒にも活用でき、大変便利だ。

寒い時期に車中泊するなら、シュラフやふとんを持ち込むことになる。ふとんはかさばるので、車内スペースに余裕がないと実際的ではないが、ふとんにこだわるのであれば、羽毛ふとんが比較的かさばらず、暖かいのでお勧めだ。

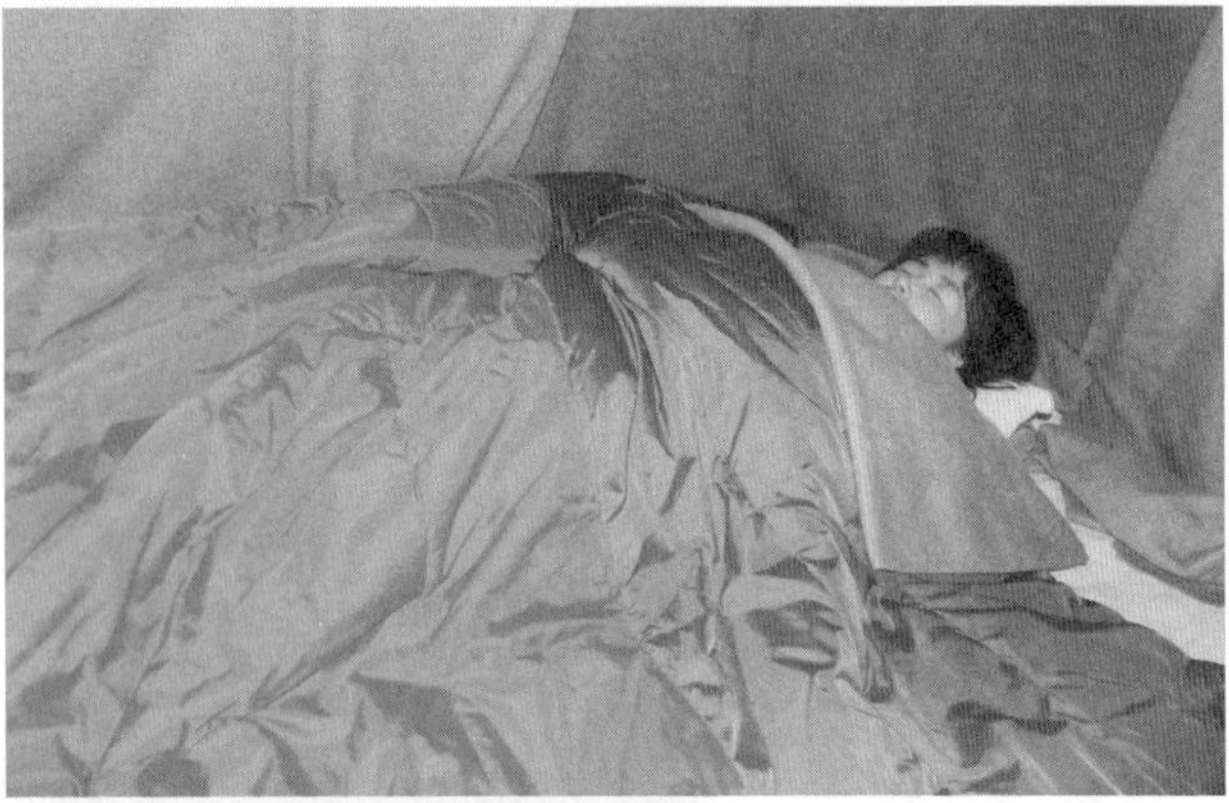

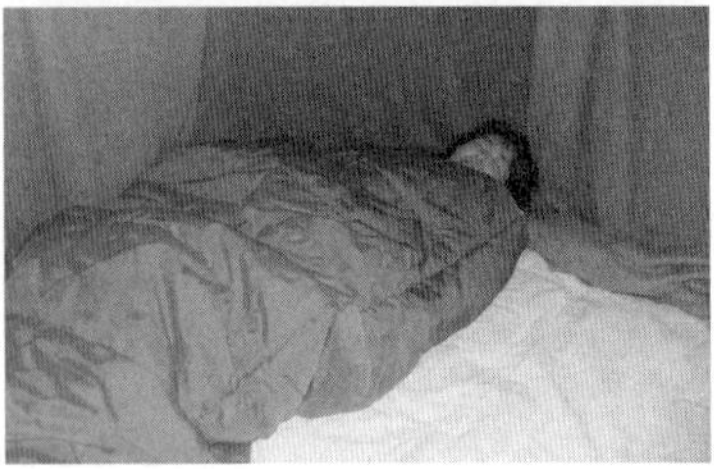

封筒型シュラフは、チャックを開いて広げればふとんと同じように使える。写真では首もとにフリース布を巻き付け、肩回りからの冷えを防いでいる。下写真はチャックを閉めて入っている状態

いっぽうシュラフは、ふとんに比べてずっとコンパクトになるのが車中泊にはありがたい。防寒性も、夏用のものから冬山登山用のものまでさまざまなグレードの商品があるので、車中泊をする環境に応じて用意すればよい。いわゆるマミー型のほうが耐寒性は高いが、シュラフで寝ることに慣れていないと、寝返りのときなど動きづらさを感じるかもしれない。その点、ふとんのようにも使える封筒型のほうが、車中泊には便利だが、耐寒性を考えると一長一短ということになる。なお、シュラフだけでは寒いので毛布やフリース布などを併用する場合は、外から掛けるよりもシュラフの

中に入れるほうが、断熱効果が高い。ただし、窮屈にはなる。

もちろん、暖かいシーズンであれば、寝具はなしで済ますこともできる。ただ、仮眠の延長ではなく何日か車中泊をする場合は、着の身着のままで寝るのではなく、面倒であってもパジャマに着替えて寝たほうが、気分的にもゆったりと寝ることができる。シュラフならそのまま寝ても、と考える向きもあろうが、やはり着替えたほうが楽である。

パジャマに着替えるのは面倒だし、夜間にトイレなどで車外に出る場合に抵抗がある。そこで、車中泊場所に着き、夜になって風呂を済ませたら、ジャージの上下など、寝るのに楽な、かつ、そのまま車外に出ても抵抗がない程度のラフな服装に着替えてしまうのも一法である。

なお、就寝時、寒さが厳しいと、とくに、首周りが冷えるので、そのときは、寝具用毛布の半分から3分の1程度の大きさの毛布やフリース布（フリースの毛が細いものがよい）で右ページ上の写真のように、首・肩の隙間を塞ぐようにしてやると、暖かく、安眠できる。こういう布をいくつか用意しておくと、夜中に車外に出る際や、寝る前に車内で過ごしていて少し寒さを感じるとき、肩掛けやひざ掛けなどにも使え、便利である。

窓の目隠し

フリース布は断熱にも効果あり

車の外を気にせず安眠するためには、窓の目隠しが欠かせない。通常の車に装着されるスモークフィルムや薄手のカーテンでは、外より車内が明るい場合には車内が見えてしまう。やはり、カーテンなら厚手のものが必要である。

車内で夜起きているとき、外の目線が全く気にならない人もおられるようだが、気になる人のほうが多いだろう。そのためにも窓の目隠しは重要である。外から見られることもなく、車内にいても外の目線を気にする必要がなくなると、そこは我が家と同じような、リラックスした空間になる。たった一枚の布（目隠し）にそんな効果があるのかと、実際に車の中で体験すると、改めて感動するくらいだ。

カーテンの裾は、写真のようにバンジーコードなどで押さえるひと工夫をするとよい

夜が明けて室内が明るすぎる、日差しが直接顔に当たる、など起き抜けの不具合を避けるためにも窓の目隠しは必要だ。日差し除けだけならちょっとした日除けでもよいが、室内を暗くしておきたい場合には、それなりに遮光性のあるカーテンが必要となる。

一方、夏に窓からの風を取り込みたいときには、カーテンは邪魔になるが、夜だと、目隠しもしたいので、風を優先するか、カーテンを閉めるか悩むことにもなる。こんなとき重宝するのは黒い布だ。窓の寸法より大きな黒幕を窓から少し離れた位置にぶら下げれば、窓を開ければ風は通り、しか窓の目隠しを自作するには、レジャーマットを窓の形に切って使うのが簡単。窓枠よりもすこし大きめに仕上げれば、車種によっては吸盤などを使わずはめ込むだけで取り付けられる

も外から車内は見えず、明かりも漏れなくすることができる。黒幕は、車から離れるときに、車内に置いた荷物に被せて、外から見えないようにするなど、他の用途にも応用でき、車内に数枚置いておくと重宝する。

　目隠しとしては、カーテンのほかに、窓の断熱に使えるシェード、レジャーマット（片面にアルミを張ったスポンジ状のマット）、フリース布などがある。シェードは市販品が充実しており、車種によっては専用の規格品もあり、これを利用している人も多い。レジャーマットはＤＩＹで作る。窓の形よりも少し大きめに切り、窓枠には

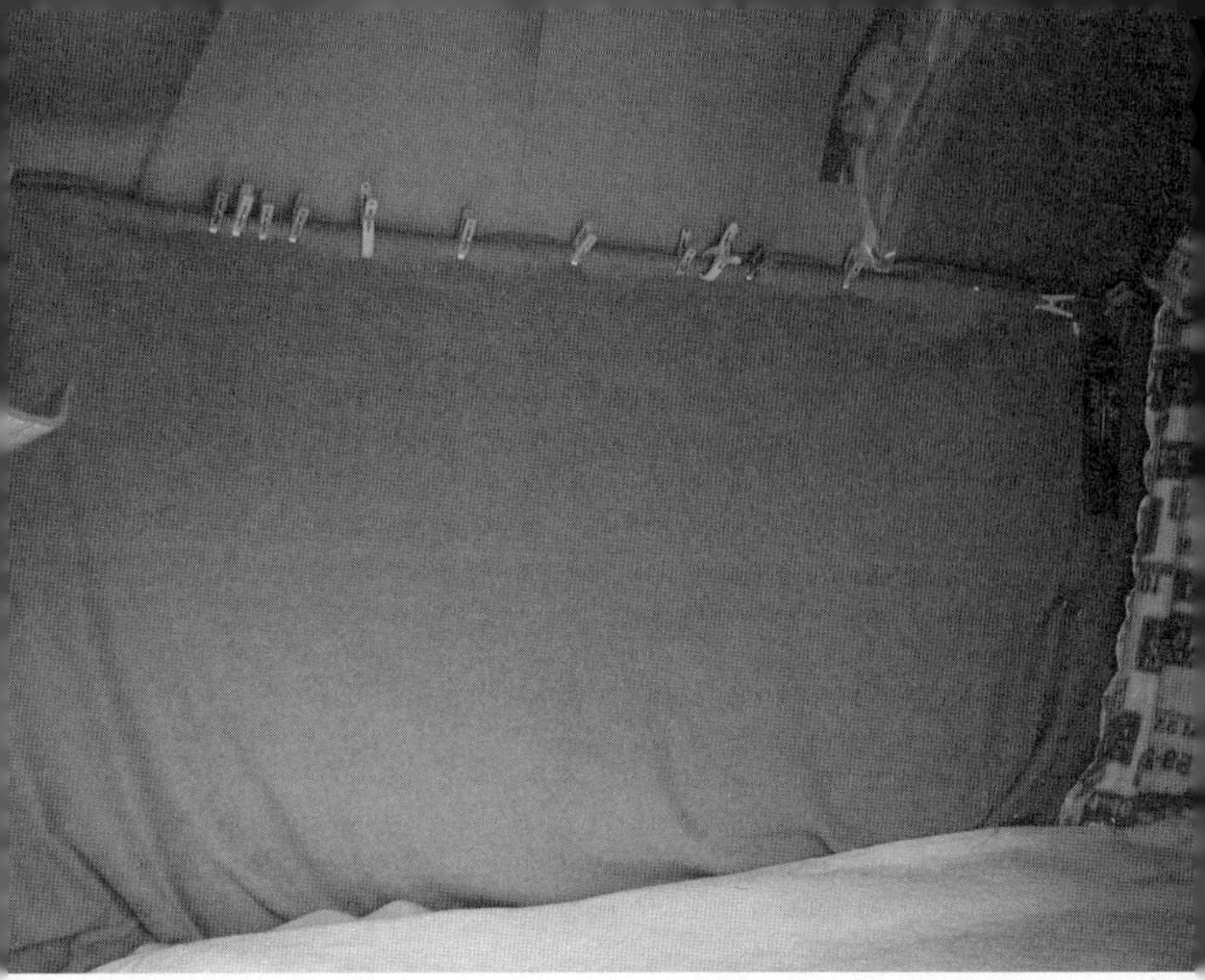

車室内の前後左右をフリース布で囲えば、目隠しと同時に高い断熱効果を得ることができる

め込むと、目隠しと同時に断熱効果を得ることができる。車種によっては、吸着盤やテープなどを使わずとも、内側からはめ込むだけでも固定できる。窓からの冷気はカーテンでは十分防げないので、寒さ対策が必要な時期にはお勧めだ。

フリース布については第４章で詳しく述べるが、車内にフリース布で囲まれた空間を作れば、目隠し効果、断熱効果とも抜群である。これもＤＩＹで作る。フリース布も、さまざまの用途に使えるので、積んで置いて損はない装備のひとつと言えるだろう。

照明のこと

LEDライトの登場で、電源の心配がほぼ不要に

車中泊をするからには、夜間、なにかしらの明かりが必要である。車には車内灯が設置されているとはいえ、すくなくとも、トイレなどで車外に出る際には懐中電灯が欲しい。サービスエリアや道の駅など、照明のある施設ならまだよいが、夜になると真っ暗になる場所で車中泊することもあるのだから、非常時のためにも用意しておきたい装備といえよう。

車内の明かりが欲しいときには、この懐中電灯を天井から吊るしておくだけでもよい。また、懐中電灯を下から天井に向かって照らすのも、意外によい雰囲気を演出できる。

懐中電灯以外にも、ランタン型（これが好きな人が多いようだ）、スタンド式、クリップ式、ボタン式など、さまざまなタイプの車内用ライトが市販されているので、自分の好みと用途に応じて

室内灯とは別に、シガーライターソケットから電源を取るタイプのライト。LEDライトならバッテリー上がりの心配もない

設置すればよい。乾電池式の場合、以前はひんぱんに電池交換をしなければならなかったが、現在はＬＥＤライトの普及で、その手間がほとんどなくなった。

　配線をしてエンジンバッテリーから電気を取る場合も、長時間使用してもバッテリー上がりを気にする必要はほとんどない。シガーライターソケットに挿して使うタイプの照明器具なども同様。消費電力がきわめて少なく、明るさや色の種類も豊富なＬＥＤライトの登場は、車中泊の照明環境を大きく変えることになったのである。

　私も以前は、室内灯の長時間使用によるバッテリー上がりを避けるために、サブバ

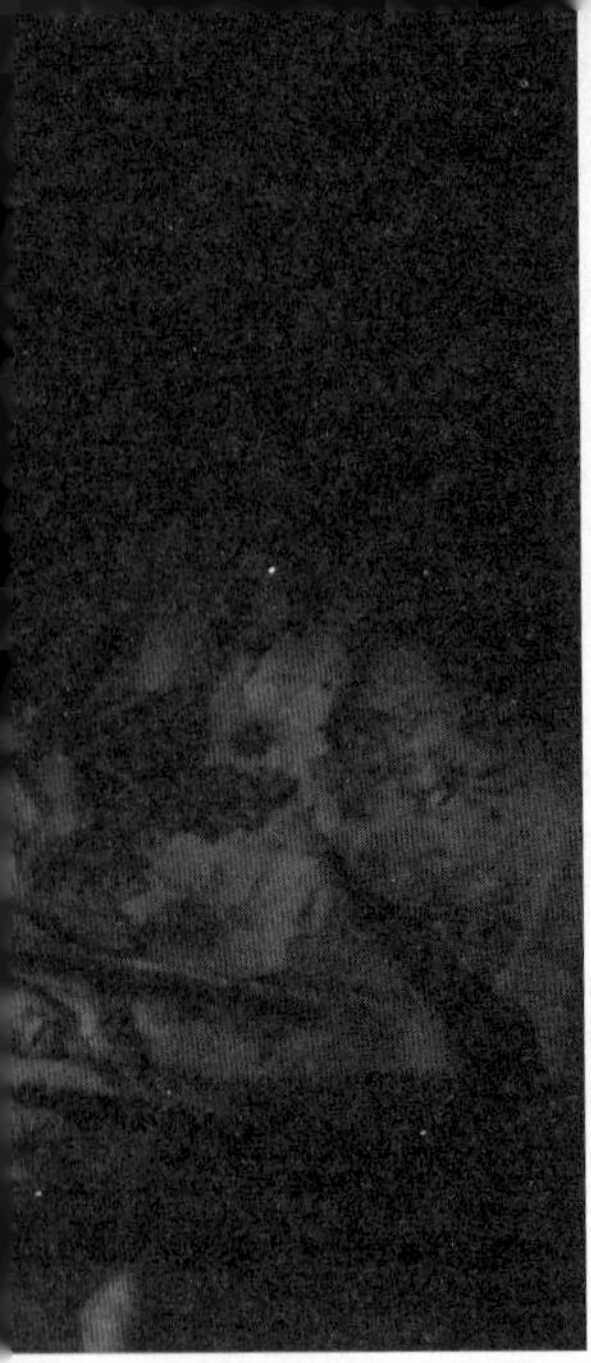

100円均一ショップで購入した乾電池式ライト。どこにでも置いて使えるので、自動点灯にしたくない場所にいくつか常備している

ッテリー（エンジンバッテリーではなく、別に設置したバッテリー）から電源を取り、さらに、室内を明るくするために配線をして追加の照明器具を取り付けていたが、最近では、それらをすべてＬＥＤライトに取り替えている。

　また、上写真の、ボタン式乾電池（単四型３本を使用）ライトは、大変重宝している。枕元など明かりが欲しい所で、自動点灯ではなく、必要なときだけ点灯したいとき、ボタン（ライトの部分）を押すだけ。明るさも申し分ない。しかもこのライト、１００円均一ショップで買ったものだ。他にも、１００円均一ショップには車中泊

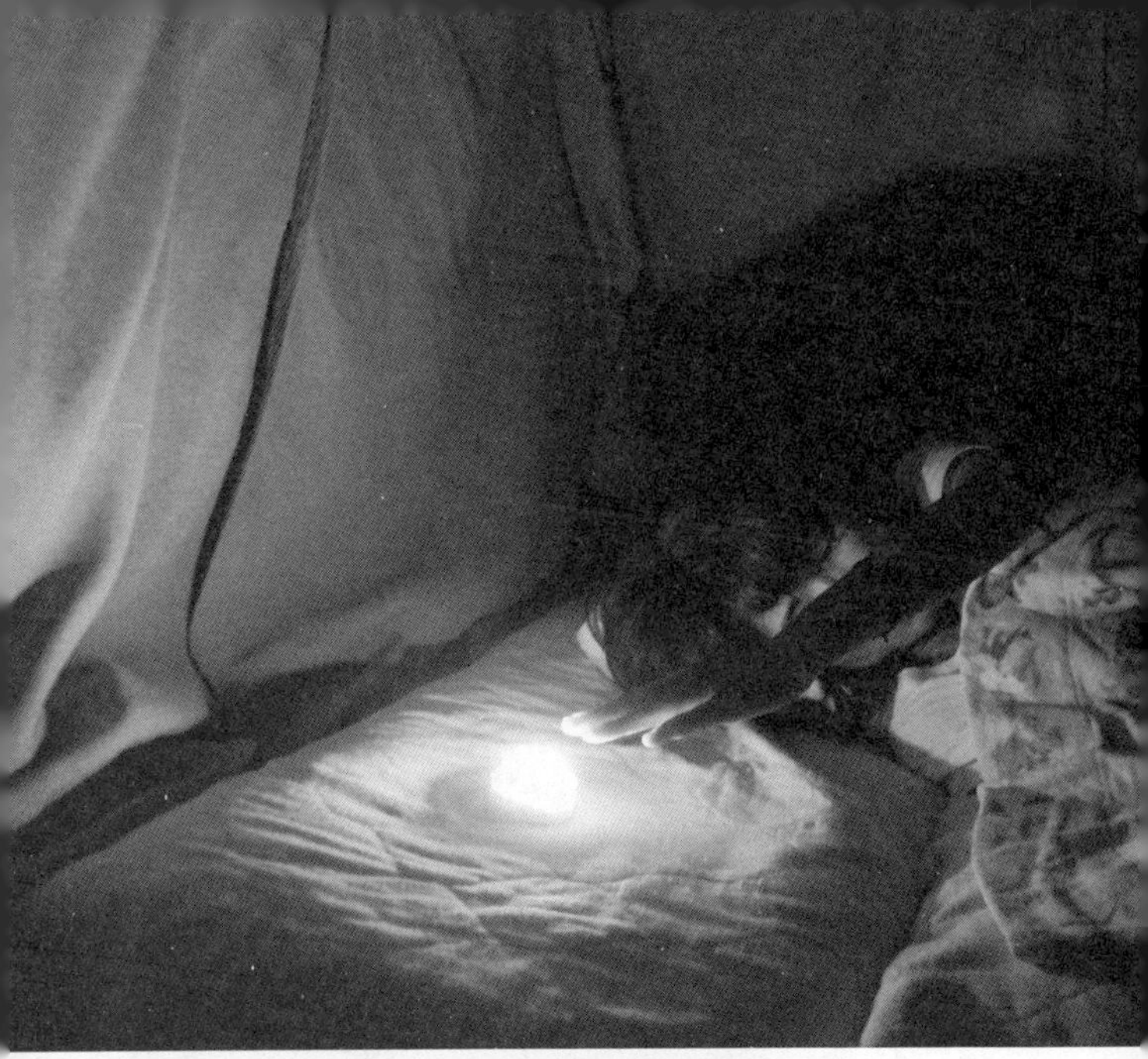

に便利だと思われるグッズがいろいろあり、あれこれと活用法を考えながら見てまわるだけでも楽しい。

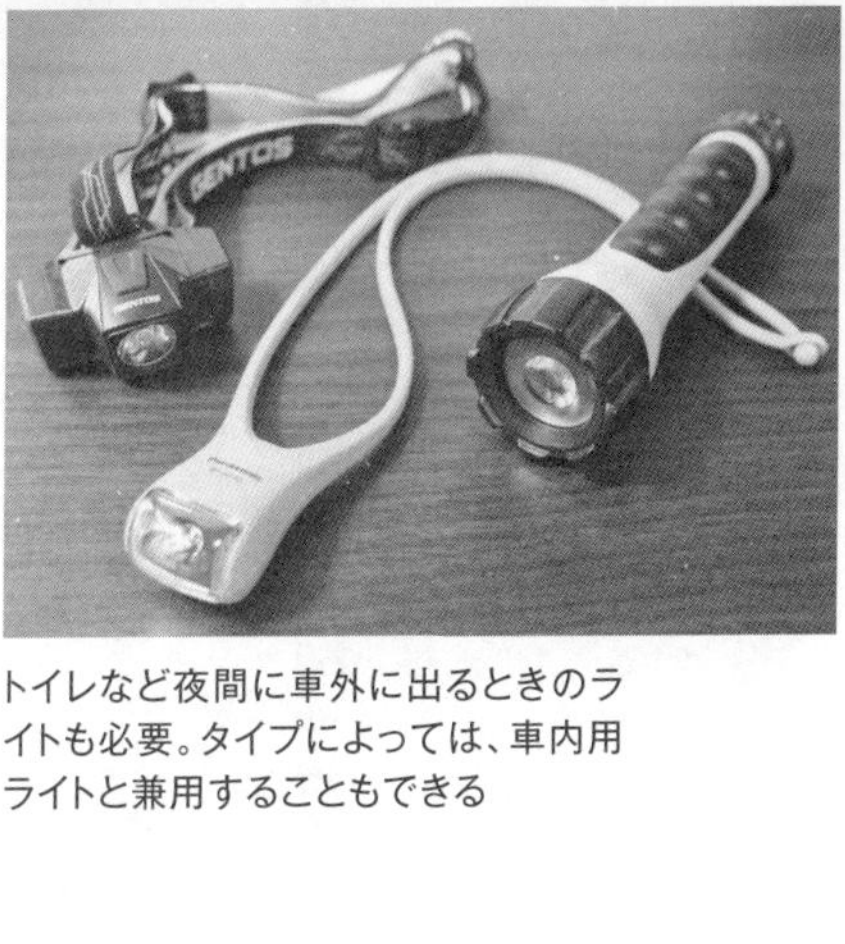

トイレなど夜間に車外に出るときのライトも必要。タイプによっては、車内用ライトと兼用することもできる

車内の収納について

車高が高ければ天井部も有効活用できる

車中泊をしていると、どうしても荷物が多くなっていく。車中泊のためのものに加え、車中泊をする目的が趣味の活動であれば、その活動のための荷物も当然、積まなければならない。また、旅先で購入したものや、処分できずに持ち帰らざるを得ないゴミが生じることもある。

商用のバンなどを除けば、多くの車は、人間を乗せるのが主目的であり、それほど多くの荷物を積むことは前提としていない。車中泊用に設計されたキャンピングカーにしても、荷物の収納に関しては、よく考えられているとは言い難い車も見受けられる。

そして実際の車中泊では、荷物は「どこかに収まっていればよい」というものではなく、取り出して使い、また元のところに戻すことを考えなければならない。たとえば、前章で述べたように、

自作棚の例。扉や戸をつけた棚は、物の出し入れをしにくいので、この棚の周りにはカーテンを付けて、飛び出しを防ぐ

セダンの後部トランクに入っている荷物は、雨の日などに車内に持ち込むのに不自由をする。また、車内スペースの限られた車では、昼間に走行しているときと、夜寝るときとで、荷物の置き場所を移動させる必要があることが多い。収納場所とその内容によっては、毎日、ベッドメイクをするたびに、いちいち不便を感じることになりかねない。

どこになにがあればよいか、その荷物を使う頻度はどのくらいか、なども、人によって違う。そのため、車内に棚などを自作し、収納を工夫している例は少なくない。ここでは、具体的な収納方法ではなく、一

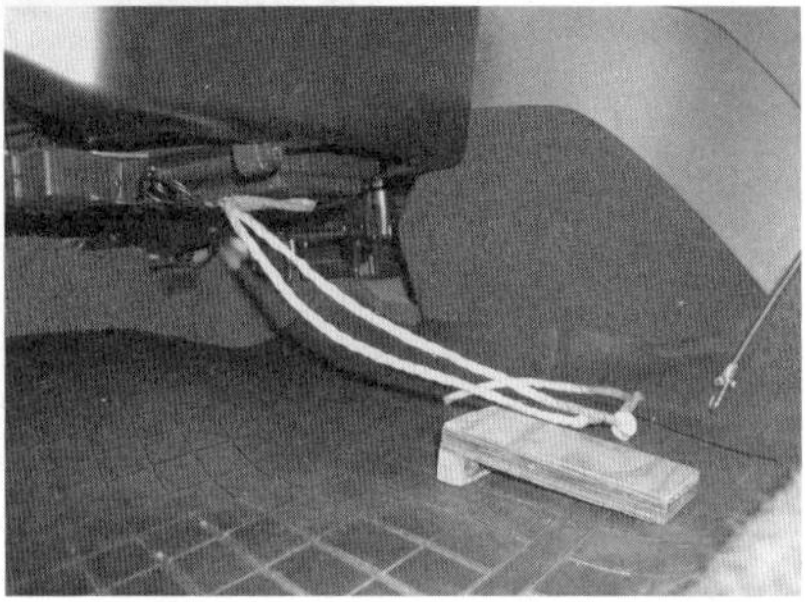

助手席の足もとにカゴを置けるように、固定用のヒモとバンジーコードを取り付けた例。カゴの中のものが取り出しやすいように、底面に角度をつけた木のマクラを設置している

般的に収納場所として利用できる車内空間について、見ていくことにする。

●**天井部**…車高が高く、天井が高い車であれば、この空間は意外に広い。棚を設けるほかに、ネットを張ってものを乗せたり、左右に棒を渡し、そこにフックを使って吊り下げたりといった利用が可能。サーフボードや釣り竿などの収納場所として利用している例も多い。

●**壁面**…棚を設ける、フックを取り付けるなど。フックにビニール袋や手提げ袋を吊り下げると、見た目は雑然となってしまうが、かなり多くの収納が可能となる。車の走行中は、重い物をぶら下げておくのは危

昼間、床に置いていた重い荷物でも、寝るときには壁面に吊るせば、寝る場所が広くなる。停車中なので、重くても心配ない。軽い物なら、走行中でも吊るしておける

険であるが、夜、寝るときに、昼間床上に置いていた重い物でも壁面にぶら下げれば、床上が広く使え、ゆったりと寝ることができる。

●後部…大型のバンなどでは、後部荷室が最大の収納スペースであり、ここに棚などを作れば、収納面ではかなり便利になる。実際に、何ヵ月もかけて車中泊旅行をしている人の車は、そのようにしている人が多いし、私も、自分のキャンピングカーの車内後部には棚を作って収納場所としている。棚のほかに、押し入れ収納用の衣装ケースのようなものを利用している人もいるようだ。なお、いずれの方法も、運転席からの

後方の視界が部分的に遮られることになるので、後方視認には注意が必要である。

●**床下**…車の構造によっては、床下にかなりのものが収納できる。キャンピングカーでは、座席の座面から下をすべて収納スペースとして利用している車種もある。ただし、床下に入れたものは、出し入れがしにくい。特に車中泊では、車内に多くのものを置いているし、シートを倒すなどして床面ハッチの開閉が不自由になることが多い。高速バスで乗客の荷物を預かる床下収納のように、車外から出し入れができるのであれば使いやすい（それでも、小さいものが出しにくいという欠点はあるだろう）。

●**前席**…助手席の足もとは、多少の不便を我慢すれば、かなりの荷物を置くことができる。後席で寝るときに荷物を移動しておく場所としても便利。また天井が高い車であれば、天井部のスペースも利用できる。ただし、走行中にものが落ちないようにする対策は絶対にしておかなければならない。

●**車外**…屋根の上に車載用トランクを取り付け、収納場所としている人も多い。車載用でなく、汎用のトランクを載せている車も見かけるが、当然、しっかり固縛されていないと大変なことになるし、走行中に時々、確実に固定されているかを確認する必要がある。また、車高の高い車の屋根に載せたものは、出し入れのたびに屋根に上ることになり、結局、あまり使わなくなったという例も

キャンピングカーには、ある程度の収納場所が設定されているが、あまり収納が考えられていない車種もある

天井が高ければ、天井部にも棚を作ることができ、収納量を大幅に増やすことができる

あるようだ。

なお当然ながら、天井や壁面の収納場所は、走行中に収納したものが落ちないための対策が必要である。その対策ができないのであれば、載せないことだ。また、棚などを自作する際、たとえば座席を外して乗車定員が変わるような、車検証記載の事項変更となる改造をすると、陸運局に構造変更申請をしなければならない。

電源システムを考える

ポータブル電源とサブバッテリーシステム

車中泊で電気器具を使いたいとなると、電源のことを考えなければならない。シガーライターソケットを利用し、車のバッテリーから電気を取ることもできるが、通常150ワット以下の電力までで、また、長時間大量の電気を使うとバッテリー上がりを起こしてしまう。この方法で使えるのはせいぜいスマホの充電、LEDライト、ワンセグテレビなどの小型の電気機器である。また、シガーライターソケットからの電気はDC12ボルトなので、もしスマホの充電器が家庭用のAC100ボルトで使うものであれば、直流を交流に変換するインバーターも必要である。

近年は、ポータブル電源という、便利な電源も市販されるようになった。これは、バッテリーに加えてインバーターとバッテリーチャージャーを一体的に組み込んで、片手で持ち運べるようにし

キャンピングカーに搭載されたサブバッテリーを、バッテリーチャージャーで充電中。向かって左側の箱がインバーター

バッテリーのDC12ボルト電源を、インバーターを介してAC100ボルトに変換し、家庭用の湯沸しポットを使っている。常用する場合は、設置場所を決め、納める必要がある

たものである。ここで、バッテリーチャージャーというのは、バッテリーの電気がなくなってきたときに充電するための機器である。ポータブル電源は、普通、1時間ぐらいなら、数百ワット程度の電気機器が使え、テレビや数百ミリリットル程度の小容量の湯沸しにも使える。車用のDC12ボルト機器だけでなく、家庭用のAC100ボルト機器もそのまま使うことができ、USB端子などもついていて非常に便利だ。

ただし、家庭用100ボルト電源やソーラーパネルなどで、時々充電する必要がある。車の電気でも充電可能な商品もあるが、車のバッテリー（メインバッテリー）とポ

シガーライターソケットを電源としてパソコンやスマートホンの充電などを行なうためには、小型のインバーターがある

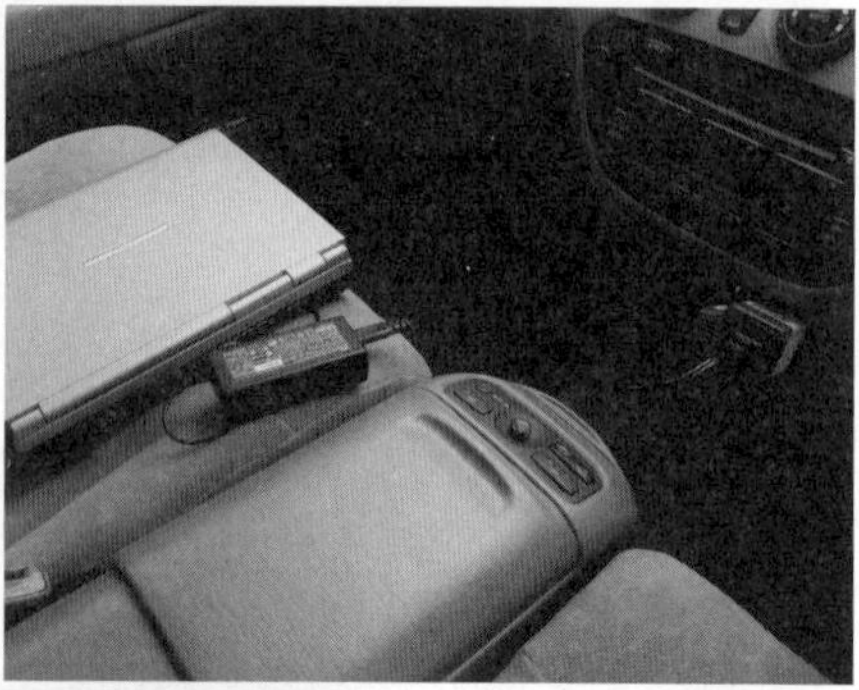

ポータブル電源としても使えるジャンプスターター。車のバッテリー上がり対策にもなり便利

ータブル電源の両方に充電することになるので、その按配をできるシステムなしでは、バッテリー上がりなどのトラブルを起こしやすく、そういう使い方は勧めがたい。

　サブバッテリーシステムと呼ばれるものは、電気機器用のバッテリー（サブバッテリー）と車のメインバッテリーを繋げ、サブバッテリーの電気がなくなってきたら自動的に車の電気で充電してくれる一方、サブバッテリーをいくら使いすぎてもメインバッテリーが上がることがないようにコントロールできるシステムである。これは、よほど技術に自信のない限り、専門業者に工事を依頼する必要がある。市販のキャン

ピングカーには搭載されていることが多い。自動的に車の電気で充電してくれるとは言え、走行時間が短いときに、サブバッテリーの電気を沢山使えば、充電量が足らなくなるので、時々、オートキャンプ場など100ボルト電源が使えるところで充電するか、ソーラーパネルを設置して充電を行う必要がある。また、100ボルト電源から充電するときにはバッテリーチャージャーも必要だ。サブバッテリーには、長時間の放電や充電のくり返しに強いディープサイクルバッテリーが使われ、容量も大きな、たとえば100アンペアアワーのバッテリー2台を搭載することもある。このくらいあれば、小容量の電子レンジを短時間なら使用することもできる。電子レンジを使う場合には、インバーターも相応に大容量(1キロワット以上)のものが必要である。

インバーターには小容量から大容量まで幅広い種類があり、使う電気機器の消費電力量に合わせて選ぶ。電子レンジでは1キロワット以上が必要だが、スマートホンや携帯電話、パソコンを充電するには、容量100ワット程度のインバーターでよい。なお、インバーターには矩形波インバーターと正弦波インバーターがあり、矩形波インバーターの方が安価であるが、パソコンやコンピューターを内蔵した電気機器を使う場合には、正弦波インバーターでないと、機器が誤動作を起こす場合があるので注意が必要だ。

ソーラーパネルの活用

電源ではなく、あくまで充電用の装備

太陽光を利用して発電を行なうソーラーパネルは、天気さえよければ、どこでも電気を得ることができるのがありがたい。

しかし、1枚程度のパネルだけでは、車中泊生活の電気をまかなうのは難しい。そのためには、最低でも車の屋根全体にソーラーパネルを載せる必要があり、それでもかなりの節電をしなければならないはずだ。そもそも、ソーラーパネルの公称電力（出力）はあくまで理想的な条件下のものであり、実際に車で使う場合には、その半分以下の電力しか得られないと思っていたほうがよい。たとえば、ソーラーパネルの発電能力は日光に対する角度によっても変わってくるが、車の屋根のパネルは理想的な角度とは言い難い。もちろん、天気が悪かったり、車がちょっと木陰に入れば発

ソーラーパネル１枚では車中泊の電気を賄うには不十分だが、これがあれば、車を動かさないときでも常時充電してくれるので、メンテナンスが楽である

電しなくなる。

車中泊のための車にソーラーパネルを装備するなら、車で使う電気の補助として考えるのではなく、バッテリーの充電のための装備と考えるべきだろう。サブバッテリーシステムを積んでいる場合、これにソーラーパネルを1枚組み合わせると、車を動かしていない間も自動的に、少しずつではあってもバッテリーを充電してくれるので、大変助かる。特に、普段使いしていない車中泊専用の車はそうである。ソーラーパネルがなければ、何ヵ月も使っていないと、次回車中泊旅行に出た時にサブバッテリーが弱ってしまっているといったトラブ

車中泊向きの電気自動車

2018年に日産から発売された電気自動車e-NV200は、車中泊にも適した商用タイプのミニバン。電気系の性能は他の電気自動車と同程度であり、30キロワットアワーのリチウムイオン電池を積んでおり、AC100ボルトのパワープラグが2ヵ所設けられている。これだけあれば、かなりの電気を使うことができる。しかし、2020年に国内向け生産は終了となってしまった。

2カ所に設けられた、AC100ボルトのパワープラグ。インバーター不要で家電を使うことができ、災害時の避難生活にも役立つ

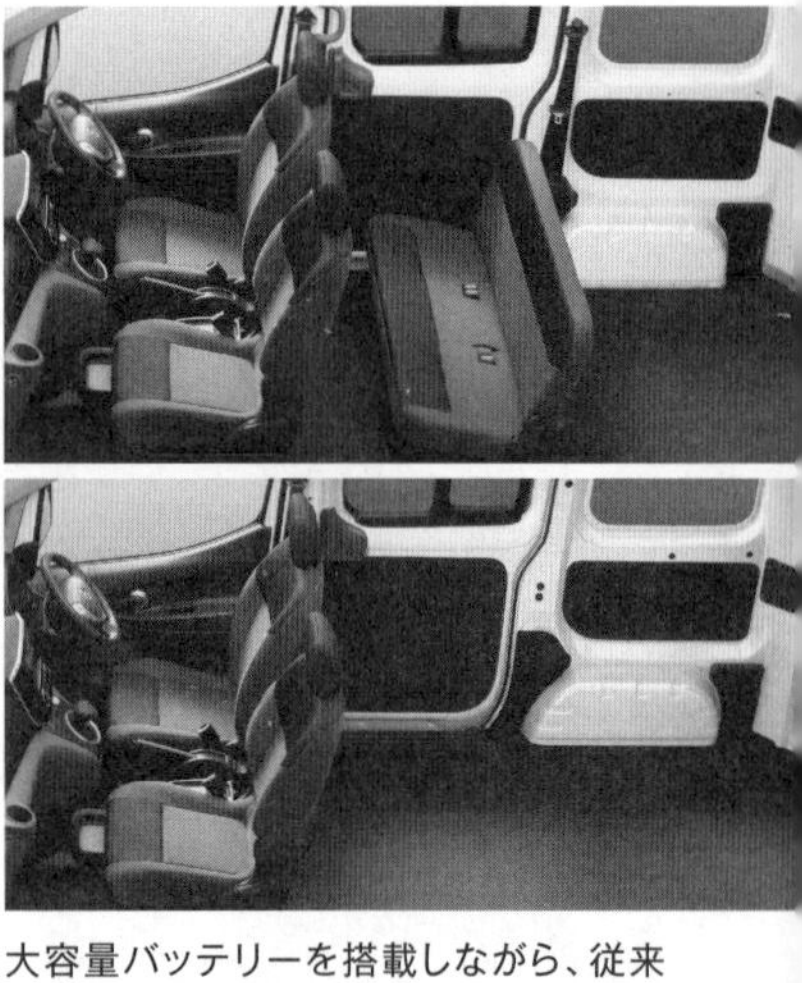

大容量バッテリーを搭載しながら、従来型のバンと同等の広さを確保、荷室には1.83メートルの長物も収納できる

ルが起きる。それを防ぐために、時々充電しなければならないのだが、ソーラーパネルのおかげで、実質的にメンテナンスフリーのサブバッテリーシステムになるわけだ。

このように見ていくと、車中泊生活で電気を使うにはやはり制限があり、少なくとも、自宅と同じ感覚で家電製品を使うことは難しい。しかし、将来的に普及するであろう電気自動車には、おおいに期待するところである。

電気自動車のバッテリーは、大容量サブバッテリーの数十倍もの電気容量を持つ（ハイブリッド自動車では、やや大きいくらいで大した差はない）。車中泊向きの車にも安価な電気自動車が登場すれば、夏の暑さも冷房で乗り切り、多くの家電製品を心配なく使うことができる。車中泊の電気生活は一変するだろう。近年、電気自動車は、災害時の避難生活用電源の供給手段としても注目されているが、その性能は、まさしく車中泊の需要に重なるのである。ただし、まだ価格は高い。また、電気をたくさん使えば、当然それだけ、充電のために頻繁に充電ステーションに行く必要がある。

コンロ、湯沸かし、冷蔵庫のこと

電気ポットは小容量のものがおすすめ

食事をすべて外食にするとか、買ってきたものだけで済ませるのであれば、煮炊きを一切しない車中泊も可能であるが、やはりお湯ぐらいは沸かせたほうがよい。容量の大きなインバーターを装備しているなら、湯沸しには電気ポットが便利である。ガスコンロと違って、ガス中毒の心配はないし、火災の危険性も低い。きちんと固定しておけば、走行中にお湯を沸かすこともできる。

消費電力の大きい電気ポットは、容量の小さいものがお勧めである。沸かす頻度は多くなってしまうが、バッテリーの劣化への影響が小さい。バッテリーというのは、容量に対して使う電気機器の電力消費量が小さければ小さいほど長持ちすることは、覚えておくとよい。また、マイコン搭載の電気ポットは、正弦波インバーターでなければ正常に作動しないことがある。インバーターが正

車内でカセットボンベタイプの卓上コンロを使う際には、火気に注意するとともに換気も十分にすること

弦波かどうかわからない場合は、マイコンのついていない旧式の電気ポットを使ったほうが無難である。

ガスコンロは、登山などで使うガスバーナーがコンパクトではあるが、車内で使うことを前提とすれば、卓上コンロが便利だし安全である。予備のガスボンベが旅先で手に入りやすいのもよい。もちろん卓上型であっても、ガスコンロを車内で使う際には、安定性のよい場所に置き、周りに燃えるものがないようにすること。そして、ガス中毒防止のため、必ず窓を開けるか、換気扇で十分換気することが重要である。

車外で煮炊きをすることが許される場所

であれば、ガスバーナーのほうが、アウトドア的な気分を味わうことができる。旅先でのトレッキングや登山などに使うことも想定されるのであれば、卓上コンロとガスバーナーの両方を積んでおくのもよいだろう。

キャンピングカーでは、冷蔵庫も搭載しているものが多い。電源は、サブバッテリーかボンベガス（ガスボンベを搭載し、プロパンガスを使う）、あるいは、外部電源を利用することが前提のAC100ボルト電源である。

サブバッテリーを電源として冷蔵庫を使うと、バッテリーの消費が激しいわりに冷え方が物足りない。それに比べるとボンベガスの冷蔵庫はよく冷えるが、走行中はガスを燃やしているため使えないし、ボンベ交換の手間もいる。AC100ボルト電源は、便利ではあるが、使える場所がオートキャンプ場などに限られてしまう。

これら3つの、どの電源でも使えるスリーウェイタイプの冷蔵庫もあり、これなら状況に応じて使うことができる。ただし、切り替えを忘れると、冷えているはずが温まっていたり、バッテリーが上がってしまったりする。

冷蔵庫があれば、ビールなどの飲み物や果物などを冷やしておくことができるし、肉や魚などを一時的に保存できるので、車中泊でも料理を楽しむような使い方の人には重宝するであろう。しかし、電源や保冷能力の問題から、車中泊で冷蔵庫を上手に使うのは意外に難しい。自宅の冷蔵庫と同じ感覚で使うことは無理だと思ったほうがよい。たとえば、出発前に冷蔵庫に入れておくものはあらかじめ凍らせたり冷やしたりしておくなど、工夫をしながら使う必要がある。

冷蔵庫がなければ、クーラーボックスやクーラーバッグを使うことになるが、今は、コンビニやスーパーで氷（もちろん、冷たい飲み物なども）が容易に手に入るので、これでもそれほど不自由はしないはずだ。実際に私たちも、手間がかかる冷蔵庫を使わず、クーラーバッグで済ませることが多い。クーラーバッグは保冷性能には劣るが、使わないときは畳んでおけるのでスペースを取らない。2～3日間程度の車中泊旅行であれば、最初にペットボトル飲料を凍らせ、保冷剤代わりに入れておくのもよい。

トイレ、排水について

携帯トイレを用意しておくと安心

車中泊におけるトイレの問題については、実際には、基本的に公共トイレを利用することになろう。よほどのことがない限り、それで大きな不便はないと思う。

もちろん、車内にトイレがあれば、安心であり、便利なことは確かである。キャンピングカーでは、トイレが完備しているものもあるが、一般的には、ポータブルトイレを持ち込むことになる。ポータブルトイレそのものはあまり大きなものではないが、用を足すときのことを考えると、天井の高さも含めそれなりのスペースが必要である。また、「車内にトイレがあってよかった」と、もっとも実感するのは、夜間、就寝しているときなので、ベッドを片付けなくても使える場所に置かれていなければならない。無理をすればミニバンでも設置できないことはないが、ポータブルトイ

ハイエースベースのキャンピングカー後部に設置したポータブルトイレ（左下隅）。使用状態を考えるとこのくらいのスペースが必要

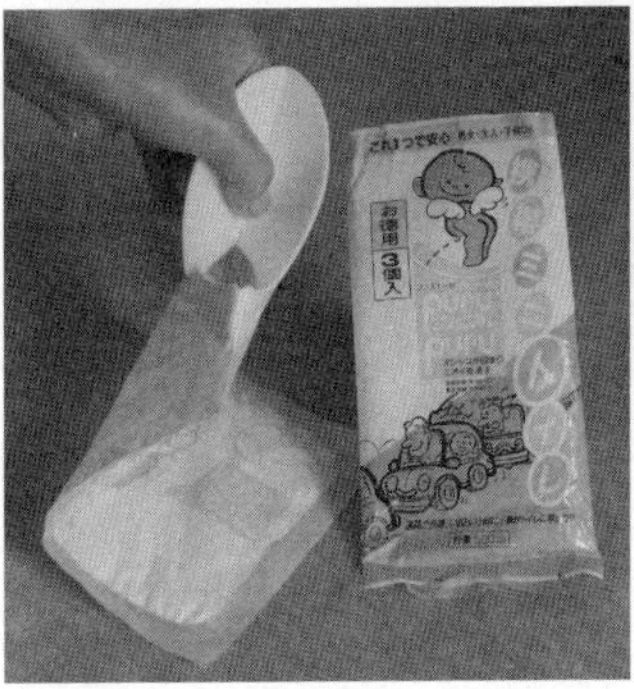

実際に使う・使わないにかかわらず、使い捨てタイプの携帯トイレを用意しておくと安心だ

レは一般的には、ワンボックスのバン以上の、車内空間が広い車向きの装備といえる。なお、汚物は持ち帰って処理するか、長い旅行であれば、オートキャンプ場で処理することになる。

　車内にポータブルトイレを置かず、もっぱら公共トイレだけを利用する場合でも、携帯型のトイレ袋を用意しておくとよい。カー用品コーナーだけでなく、最近は災害時の避難生活用としてさまざまな商品が出回っている。小用だけでなく大便を処理できるものもあり、ポータブルトイレがなくても安心だ。

　車内でトイレを使う場合は、臭気対策が

欠かせない。窓を開けての換気が十分でなければ、換気扇を取り付ける。便器の中に入れておくタイプの消臭剤なども使うとよい。

トイレを備えた場合は、なにかしらの、手を洗う設備も必要になる。キャンピングカーであれば流しと排水槽が備えられているが、ちょっと手を洗うくらいであれば、水を入れたペットボトルを積んでおけば事足りる。

調理などを行なうために水タンクを用意する場合は、コック付きのポリタンクが便利である。また、水の量が少なければ、ポリタンクに大き目の漏斗を挿し、流し代わりに使うこともできる。

その場合、車に積める水の量は限られているので、自宅にいるときと同じ感覚で使うことはできない。また、どうしても排水の問題が付いて回る。水を使えば使うほど、排水タンクは早く満タンになり、頻繁に捨てることを考えなければならなくなる。排水タンクは、バケツやビニール袋でも代用できるが、移動する際のために漏れや転倒を防止する処置を忘れないこと。いずれにしろ、車内で水を使うために流しや排水タンクを設置しようとすると、結構なスペースが必要となる。なければないでなんとかなる装備なので、無理に設置する必要もないだろう。

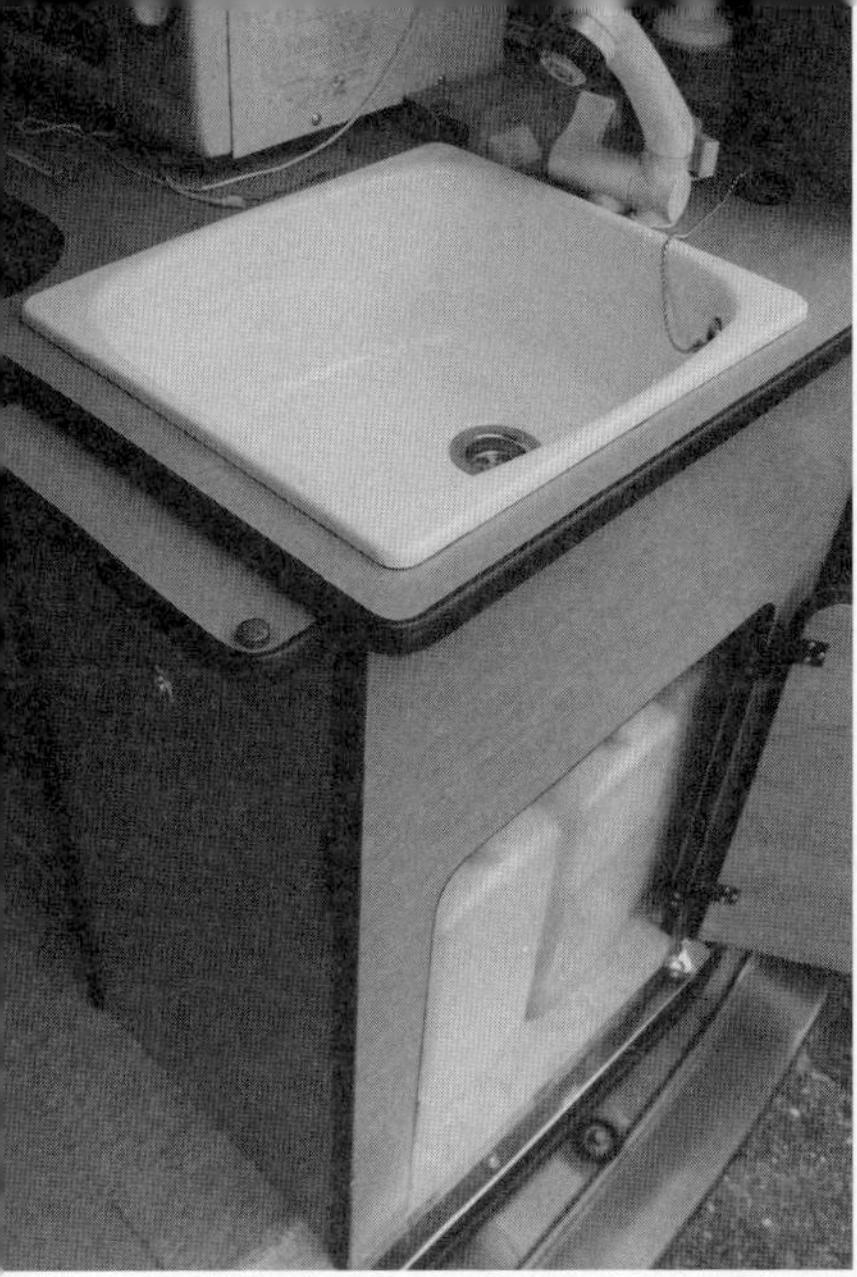

キャンピングカーに設置されている流し。清水は車に備え付けタンクがあるが、コック付きポリタンクを使ってもいい

排水は、容器が転倒したりこぼれたりしないよう注意して保管し、しかるべきところで処理する

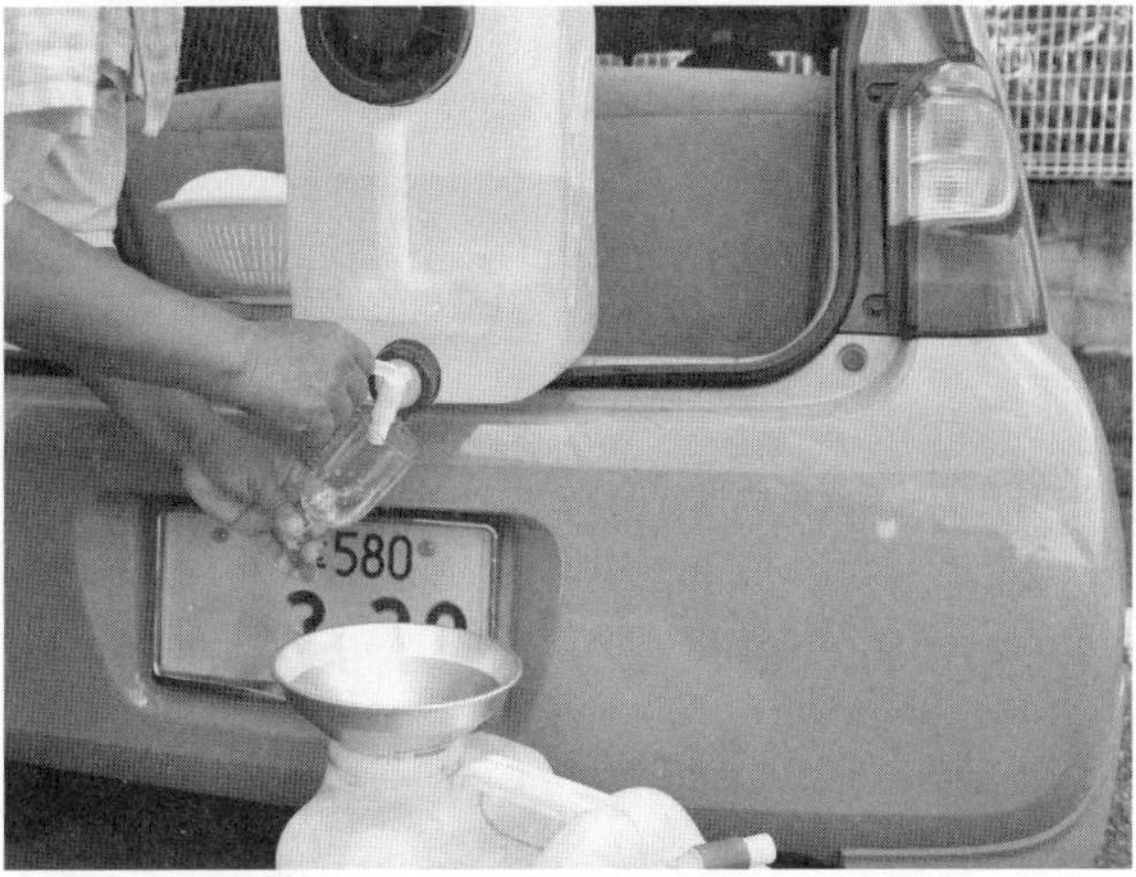

設備のない乗用車であっても、コック付きポリタンクを利用してちょっとした洗い物ができるようにすることは可能だ

暑さ・寒さ対策の冷暖房用器具

暑さ対策には送風機型の扇風機が有効

まず、停車しているときは、車のエアコンを使わないこと。サービスエリアや道の駅などに駐車し、エアコンを使うためにエンジンをアイドリングでかけっ放しにしている車を見かけるが、マナー違反であり、こういった行為のために車中泊が問題視され、禁止される原因になりかねない。また、停車中エンジンをかけての暖房は、一酸化炭素中毒の危険もある。

停車中でも使える暖房器具としては、FFヒーター（強制給排気式ヒーター）がある。排気が車外に排出されるので中毒の心配がなく、スイッチを入れるだけで操作も簡単だが、設置には配管や燃料系統の工事が必要で、実際的にはキャンピングカーの装備と考えてよい。

車中泊する際の〝寒さ〟は、車体の窓や床からの冷気を遮断する対策さえ講じていれば、暖房

前後の窓を開け、送風機型の扇風機を使えば車外の冷気を強力に取り込める。気温が多少高くても、風を体に直接当てれば涼しい

器具なしでもなんとかなるものである。必要に応じて、カイロや湯たんぽ、電力に余裕があれば電気毛布などを使えばよい。問題は夏の暑さで、窓を開けても風がなければ蒸し暑く、車内で過ごすのが苦痛となる。そういうときは、送風機型の扇風機を適所に置き、車室内全体に風が通るようにしてやると、けっこう涼しい。

また最近は、さまざまな種類の小型扇風機が市販されているので、これを活用するのもよい。乾電池で動く手持ち式のものは、個々人が扇子代わりに使えるし、シガーライターから電源を取るものや、USB端子がついているものなどもある。

車内で使える扇風機の中では、送風機型がもっとも強力・効果的であるが、それでも我慢できないほど暑い時期がある。そんなときには車中泊を控えるのが賢明だが、どうしてもと言うなら、近くの高原などに移動して泊まるのがよい。条件がよければ、温度が数度下がり、快適な夜を過ごすこともできよう。

なお、暑さ対策のために窓を開ける場合、虫が入ってくるのを防ぐために窓に防虫網を取り付けるとよい。網戸用の網を利用して簡単に自作できるが、最近は市販品も多く、入手も容易である。自分で作る場合は、網を窓枠に合わせて切り、縁を整え、これをマジックテープなどで窓枠に取り付けるようにすれば、何回でも着脱できるし、窓を開け閉めしても外れることがない。

防虫網をつけても、夏は蚊取り線香が必須となる。また、車の中に入り込んだ虫は、なかなか追い出せないことが多いので、狙い撃ちのできる殺虫剤も用意しておいたほうがよい。消毒用／殺菌用のアルコールスプレーも殺虫剤代わりになる。殺虫剤ほど強力ではないが、狙い撃ちが容易であり、薬害の心配も少ない。一方、逃げ足が遅い虫であれば、ティッシュやガムテープ（私はもっぱらこれ）で捕らえるのがよい。こちらのほうが車内が汚れないいし、人にも優しいのでお勧めだ。

出入り口になるような大きな開口部には、網目状のカーテンを2枚に分けて床上まで届くように、吊るすとよい

網戸用の網を利用して
自作した防虫網

耐熱のペットボトルも湯たんぽ代わりになる。お湯（60〜70℃以下）を入れても大丈夫なのは、キャップがオレンジ色か、ボトルの口が白いもの

補修用品、その他便利なグッズ

洗濯バサミや養生用テープが意外に便利

車中泊旅行では、積んでいるものや装備に不具合が生じることがある。また、車中泊をしている最中に、「ここはこのようにしたほうが使いやすいのではないか?」と思い立って、手を加えることも少なくない。

本格的な修理は業者に依頼するとしても、その場で、自分で応急処置をしなければならないときに備えて、ある程度の道具を積んでおく必要はあるだろう。どんな道具を積んでおくかは、その人がどれだけの技術を持ち、どんなことができるかによって違ってくる。しかし一般的に言って、積んでいると役に立つことが多い道具として、以下のようなものが挙げられる。

●ペンチ　●ドライバー　●はさみ　●カッター　●テープ　●ひも　●針金　●洗濯バサミ　●養

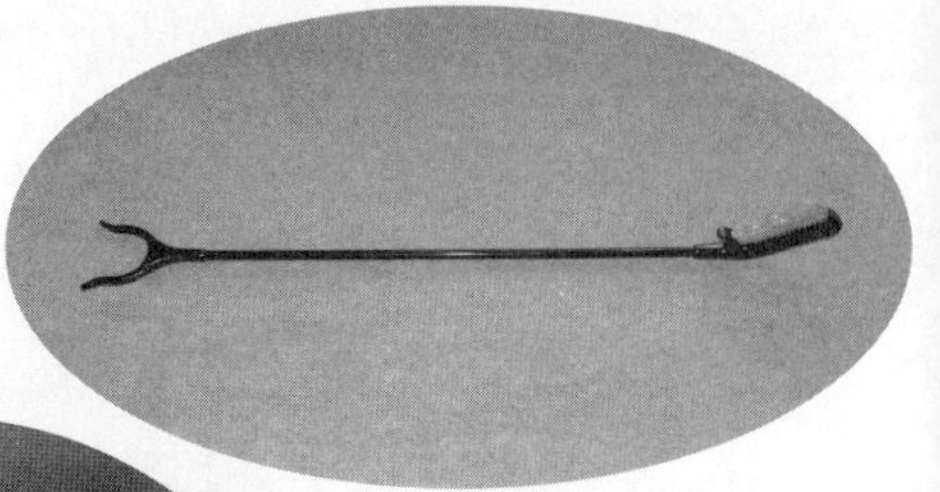

ちょっと離れたところにあるものをつかみ取ることができるマジックハンド（リーチャー）

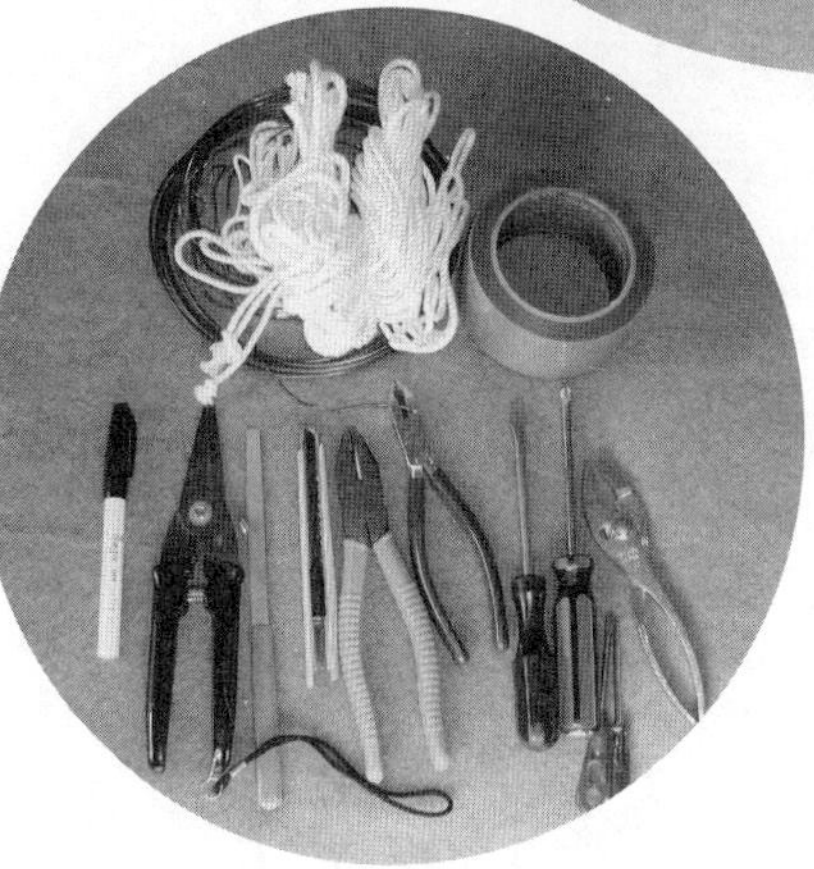

応急的な補修に使う工具・材料の例。ひもや針金、養生テープは、壊れたものを仮に固定しておくために出番が多い

生用テープ

洗濯バサミは、洗濯物を干す際に使うだけでなく、たとえばカーテンの端を少しだけ持ち上げておくとか、フリース布同士の隙間をふさぐように留めておくとか、あるいはメモを目につきやすいところにぶら下げておくなど、なにかと便利である。養生用テープは、接着強度は荷造りなどに使われる粘着テープには劣るが、簡単にはがすことができ、はがした後もべたつかない点が、応急処置に適している。接着強度も、使い方によっては粘着テープ並の強度を出すことが可能だ。

車が故障した際の修理に関しては、専門

的な知識や技術がなければ応急処置も難しいが、電気系統のヒューズくらいは、何アンペアのものが使われているかを調べて揃えておくことができる。バッテリーチャージャーやインバーターなどの機器が動かなくなった場合も、原因がヒューズ切れであることが多いので、予備のヒューズを用意しておくとよい。なお、最近のマイコン搭載機器では、ヒューズ切れはほとんどなく、電源を入れなおす、リセットボタンを押す、などをすれば復活することが多い。

車中泊の際に車に積んでおくと便利なものは、他にもいろいろある。最近は、車中泊用と称して市販されているグッズも増えた。カー用品だけでなく、キャンプ用品にも車中泊に使えるものが多いし、100円均一ショップをのぞくと、工夫しだいで役に立ちそうな商品がしばしば見つかる。

もちろん、便利だからといってなんでもかんでも積み込むわけにはいかない。また、どんなものが役に立つかは、車種や車中泊をする目的、行き先、季節、日数、生活スタイルなどによって違う。ここでは、私の経験から「これは積んでおくと便利であった」というものを、いくつか紹介する。

●ラジオ付き目覚まし時計…目隠しや断熱のために、窓を完全に覆っていると、車内では日が昇っても気づかないため、目覚ましは必需品。ラジオは情報収集だけでなく、車内での娯楽にもなるので、両者が組み合わさったこのタイプが重宝する。

●小さなカゴ…車内のちょっとしたスペースに、カゴを設置しておく（固定にはバンジーコードが便利）。大小や形など、自分の使いやすいものを選べば、収納場所として便利。特に、飲んだり食べたりするものをストックしておく場所として使い勝手がよい。

●マジックハンド（リーチャー）…移動しにくい車内では非常に便利。運転席側から、後席にあるものを取りたいときなどに重宝する。マグネット式のものは、隙間に鉄製のねじなどを落とした時にあると助かる。

そのほか、**●古タオル　●筆記用具　●折り畳み式イス　●袋（ビニール、布、紙）　●サンダル　●ガムテープ**など。そして当然、着替え（雨具を含む）や寝具、食糧、調理器具、洗面・風呂用具、救急セットなどを積む必要がある。先に取り上げた補修用グッズや、車のための工具、ブースターケーブルなども持っていくことになる。条件によってはもっと必要なものが出てくるが、逆に、これより少ない荷物で車中泊をすることも可能なはずである。基本的には、不要な荷物はできるだけ減らし、なるべく身軽な状態で出かけるほうがよいであろう。

通信環境をキープする

車中泊旅行中もネット接続が当然の時代

緊急時の連絡手段としても、車中泊に携帯電話・スマートホンは必需品である。スマホがあれば、メールのやり取りやインターネット閲覧ができ、旅行中の実用的な情報収集にも非常に役に立つ。

また、ノートパソコン（タブレットを含む）を持ち込んでいる人も多い。パソコンがあれば、大きな画面で、より大きなデーターをやり取りすることができるが、車中泊旅行で移動しながらインターネットに接続するためには、以下のうちいずれかの方法を取ることになる。

①WiFiスポットを利用する

②モバイルルーターを持ち運ぶ

③スマホを受信器（ルーター）として使う（テザリング）

車中泊場所となることが多い道の駅やサービスエリアでも、無線LANによるインターネット接続ができるところが増えてきた

④LTE対応のパソコンにSIMカードを挿入して使う

Ｗｉ‐Ｆｉスポットは、基本的に市街地に多いが、最近では、道の駅などでもＷｉＦｉが使えるところが増えてきた。道の駅を利用することが多い車中泊では、ありがたい存在である。無線ＬＡＮ内蔵のパソコンさえあれば、補助装置は一切不要で利用できる。無料と有料があるが、概して、無料は安全性が低く、盗み見などに注意が必要である。また、時間制限のあるところが多い。有料のほうが安心して使える。

②のモバイルルーターは、自分専用のＷｉＦｉスポットを持ち運んでいるようなも

スマートホンをモバイルルーターとして使うテザリング。大量の通信をすると料金が高くなるので使い方には注意が必要

ので、通信会社との契約が必要で、費用もかかるが、セキュリティーが高く安心である。自宅でネットをしているような感覚で出来るのがよい。

③のテザリングはスマホとパソコンさえあればどこでもできるので便利である。通信会社によって有料、無料の違いがある。ただし、大量の通信をすると料金が高くなる、スマホのバッテリーの減りも速い、スマホで音声通話中はデーター通信が途切れたり、遅くなったりなどの問題もある。

格安ＳＩＭの普及を背景に、④のＳＩＭカードを直接パソコンに装着する方式が、近年使われ始めている。スマホのＳＩＭカードを取り出してパソコンで使うこともできるが、その間はスマホが使えないので、パソコン専用にSIMカードを準備したほうがよい。自分の望む通信量と料金に見合うSIMカードを求めれば、安心してネットに専念できよう。ただし、LTE対応のパソコンが高価であることにSIMカードの費用を加えると、大量の通信をするにはモバイルルーターと同程度の費用が必要にはなる。モバイルルーターのような機器が不必要な点はこちらに分がある。

日本国内では、かなりの範囲で携帯電話の電波が届く。車中泊旅行で、電波が届かずに不便を感じることはあまりない。電波が届かない僻地でも通信手段を確保したいとなれば、衛星通信という手段もあるが、これは初期の登録料や月々の使用料など、かなり高額である。

車利用の仕方・装備がこんなに変わった

最初に購入したキャンピングカーは、ワンボックスカーではあるが、後部にテーブル付きの対面座席があり、スリーウエイ冷蔵庫、電子レンジ、FFヒーターなども備えた、フル装備に近いものだった。昼間は後席をリビングとして使い、夕方になると、座席を片付け、全体をフラットベッドに変えて、寝床作りをするのが日課だ。

親戚や友人と一緒に出かけることもあり、そのときは、親戚・友人はホテルで、自分たちは車中泊、ときには一緒にホテル泊まりをした。車中泊のときは、朝になると、大慌てで、座席を組み立て、車内をきちんと整えた。今思うと、よくやったものである。若かったからだろう。

それが今はどうなったか。親戚や友人との同行は、だんだん少なくなり、車を買い換えたのを機会に使い方も変わっていった。同様のワンボックスカーではあるが、後席は昼間でもフラットスペースのままにしている。和室様の座り机を使うことや、対面式のテーブル席にすることもできるが、どちらかというと、前席を利用することが多い。一番の理由は、そこからの眺めがよいことである。後席からは景色がよく見えないので、以前から不満だった。とくに絶景を見るには前席がよく、シートの座り心地もよい。ここに簡単に組み立てられるテーブルを用意し、休憩も、食事もするようになった。狭いながらもリビング的な使い方ができ、座席作りの苦労もない。

装備については、無くてもそれほど不自由しない電子レンジ、冷蔵庫はやめた。FFヒーターも、フリースに囲まれた空間があれば、無用であり、使っていない。最近のワンボックスカーのほとんどは横幅が広いが、自分のは、普通の車と同じ横幅なので、山の中の狭い道にも楽に入って行ける。見た目は冴えないが、私にとっては、まあ満足の車中泊第1号車にやっと到達した。

第4章
車中泊ライフを快適に

車中泊旅のプランニング

事前計画はある程度大雑把なもので良い

車中泊の旅と言っても、1～2泊の旅から全国を周遊する旅までさまざまである。その目的も、観光旅行のほか、登山や釣りなどの野外活動、写真撮影、野鳥観察、天体観測、史跡めぐりなど、いろいろ考えられる。どんな旅をするかによって、必要な装備や準備も違ってくる。

自分の希望している旅に合わせて装備をそろえ、準備をすれば良いのだが、車中泊旅行では、机上のプランと実際とは違うのが普通である。だから、ほどほどに準備ができたら、〝あとはなんとかなる〟と思って、実行してみるのがよかろう。もちろん、踏ん切りの程度は人によりけりだから、そのタイミングに基準はない。あくまでも自分が納得できるところで、ということになる。

この本の最初に述べたように、車中泊旅行は宿に泊まる普通の旅行と違い、予定を簡単に変更

高速道路のサービスエリアで配布されている「高速道路ガイドマップ」は、道の駅が記載されているので、事前に車中泊場所候補を押さえておくのに便利。たとえば松本から富山に抜ける道沿いには、4ヵ所の道の駅がある（下写真）

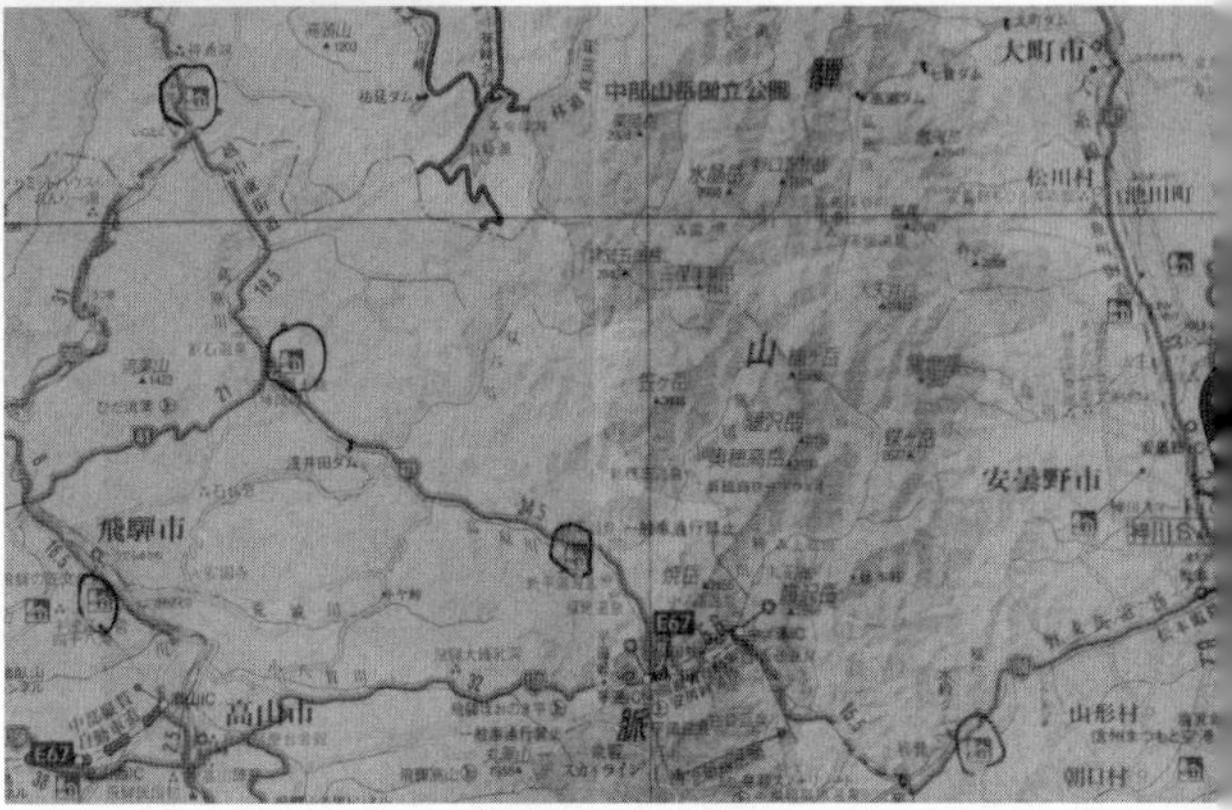

できるのが大きな長所だ。たとえば、ある地方・地域をじっくり見て回りたいときなど、現地に行ってはじめて知る見どころも多いものだが、車中泊は、そういった旅行と非常に相性が良い。計画時には大雑把に、ゆとりをもって日程を組んでおいたほうが、現地で興味深い情報を得たときなど、車中泊旅行ならではの融通性を活かした、臨機応変な行動ができる。

　もちろん、車中泊場所に関しては、前もって見当をつけておくのが普通だろう。これはあくまで私の場合だが、どこかへ行くとなれば、まず高速道路マップのついた「サービスエリアガイド」（サービスエリアで無料で手に入る）を見て、予定されるルートにある道の駅を調べておく。そして実際に行ったときは、候補にしたなかから、午後3時くらいまでに到着できる道の駅に向かう。そこで満足できればそのまま車中泊し、不満があれば別の候補地を探す。

以前は、景色の良い車中泊場所を求めて、事前に詳細な地図を見て良さそうなところに目星をつけて行ったものだが、最近はそのような場所を探すのに、グーグルマップが登場して非常に便利になった。航空写真で見れば、この道路の行き止まりまで行くとちょっとした剥げ土のスペースがあるとか、このあたりは泊まれそうというところがだいたいわかる（車が停まっているのが映っていることすらある）ので、効率が良い。ただし、木が茂った場所では、ほとんど分からないが。

車中泊旅行の目的によっては、その目的を達成するための場所・時間を第一に考えるため、事前にある程度詳細なプランを準備していく必要がある場合もあるかと思う。また期間の短い旅行であれば、予定通りに進められる可能性が高いので、計画はなるべく綿密に立てておいたほうが無駄が少ないのは確かだ。

なお、同行者がいる場合は、それなりの（すくなくとも同行者が納得できる程度の）計画が必要となる。そのうえで、計画通りにいくとは限らないので、臨機応変の対応も必要だし、ある程度の

道の駅には入浴施設を併設していることもある。この道の駅は近く（8km先）に入浴施設があることが看板に表示されていた

経験も求められる。また、誰でも同行者にというわけにはいかない難しさもある。また、集団で旅行するのであれば、当然、旅の最初から最後まで、一応きっちりとした日程を組む必要がある。宿泊まりの旅と似たものにならざるを得ず、融通性に富む車中泊の良さが半減してしまう。集団での旅に、車中泊はあまり向かないともいえよう。

車中泊初心者は、やはり1～2泊の旅から始めるのが無難であろう。1～2泊であれば、車中泊のための準備は簡単で済むし、多少困ったとしても、我慢すればなんとかなる。

当然、長旅になるほど、旅行中の予測が

充電のほか、給水や洗濯などができるオートキャンプ場は、旅行の途中で態勢を整えるのに最適な泊地だ

しにくい。1週間以内の旅行であれば、天気予報が当てにできるが、それ以上の期間で気候の変わり目となれば、暑さ・寒さ対策も柔軟に行なう必要がある。また、予期せぬハプニングが起こる確率が高くなるので、綿密な予定を組んでも変更せざるをえないことも多い。

そこで、出発前の予定は大雑把でも、出発後は毎日、明日、明後日について予定を組むのが良い。その場合に注意したいのは、車中泊場所探しの時間も考慮に入れること。情報のない場所で泊まれる場所を探すのは、思ったより時間がかかる（サービスエリアや道の駅などを候補地として押さえてあるなら別だが）。

もちろん、翌日の日程も考えず、朝起きてから「今日はこちら方向に向かおう」というような、完全なぶらり旅もいい。ただしこの場合は、行く先に外食できるところがない可能性もあるので、非常食の準備だけは忘れずに。私の場合は、1ヵ月ぐらいの車中泊旅行のときは、「行く方面」と「ぜひ立ち寄りたいところ」だけを決め、あとは現地の状況次第で臨機応変の旅をする。

長旅になる場合は、途中でリセットの日を設けると良い。オートキャンプ場など、施設が整っていてゆっくりできる場所で、荷物の整理・積み替えや、車内の掃除、バッテリーの充電、洗濯、車の点検・修理などを行ない、体調を整える。こういう日は最初から日程に組み込んでおいても良いが、天気などと相談して旅先で決めても良い。長旅では途中で何度かそのあとのスケジュールを調整することになるが、そのためにもこのようなリセットの日は有効である。

車中泊旅行の一日の流れ

車中泊候補地には早めに到着する

たとえば、どこかへ旅行する途中で車中泊をする場合を想定した際、昼間は普通の、宿に泊まるドライブ旅行となんら変わりはない。違っているのは、夕方から朝にかけてで、「泊まる場所の選定」と、「そこでの過ごし方」だと言える。それを具体的にイメージしてもらうために、あくまで私の例であるが、どのような一日となるか、順を追って説明しよう。

●車中泊場所を決めるまで

車中泊する場所は、事前に目星をつけておく場合もあるし、なにも決めない場合もある。最近は、全国各地に「道の駅」が整備されているので、とりあえず行き先周辺の道の駅を押さえておけば、車中泊候補地に困ることは、あまりないであろう。

以前は後席をリビングスペースとしていたが、最近は運転席・助手席にテーブルを設置し車内での食事はここで済ませてしまう

仮に、車中泊候補地を決めてあったとしても、現地には早めに到着するようにしたい。宿を確保してのドライブ旅行であれば、その日の行動によっては深夜に到着しても問題ないわけだが、車中泊では、あてにしていた場所に泊まれず、別の候補地に移動したり、新たな場所を探したりすることもあるからである。もし、事前に候補地を決めず、現地に着いてから泊まる場所を探すのであれば、日没までに2時間程度の余裕がある時刻（夏なら午後5時ころ、冬なら午後3時ころ）までに到着するよう行動すると安心だ。もちろん、よりよい車中泊場所を求めて探し回るなら、もっと早い時

間に現地に到着していなければならない。

安全に車中泊できる場所のほかに、その夜のために確認するのは、私の場合、トイレ、食事ができる店、風呂（日帰り温泉など）である。すべてが一ヵ所で済むようにまとまっていれば有難いが、食事場所や風呂が離れていることも多い。また、食事ができる店が近くになければ、途中のスーパーなどで弁当や食材を調達する。翌日の朝食も、必要であれば購入しておく。

●寝るまでの間

車中泊する場所が定まり、食事と風呂をどうするかが決まれば、行く順番と時間を決める。食後の歯磨きをどこでするかも、このときに決めておく。車内で済ませることもできるが、できればよりよい場所でやりたいからである。

私の場合、車中泊旅行中もかなりの頻度で風呂に入る。そして、このときに、寝るときの服装に着替えてしまう。といっても寝間着ではなく、そのまま車外にも出られる服装である。夕食と風呂を済ませて車に戻り、メールや撮影した画像の整理をしたり、明日の行動予定を立てたりする。このような日課的なことをしているだけで、就寝時刻になることが多い。

寝る前には車内のシートを動かすなどして、寝る場所を確保するベッドメイキングを行なう必要がある。しかし私の場合、最近はすっかり無精になってしまい、車の後席（本来は、起きているときはここがリビングスペースとなる）は、ベッドメイキングをしたままの状態になっている。景色がよければ、あたりが暗くなるまでは、基本的には前席に座っている。暗くなっても、景色を堪能していることもある。前席は、車内でもっとも見通しが利き、座り心地もよいのだ。また、パソコン作業のほかに、お湯を沸かしたり、ごく簡単な料理もできるようになっている。前席に飽きたら、後席に移る。後席でも、テーブルを広げてくつろいだり、本を読んだりすることもある。また、周囲の状況が気に入らないときには、早々に中に入り、後席で過ごす。

●翌日の朝

朝起きたら、ベッドを片付け、洗顔をする。洗顔は車内でもできないことはないが、私の場合、公共トイレの洗面所で済ませることが多い。食事は、車中泊した場所でそのまま、前日に購入しておいたものを食べるのでもよいが、朝食を取らずに出発し、どこか景色の良い場所を見つけたらそこで食べるのも、気分がよいものである。もちろん、朝から営業している食堂やファミリーレストランを利用する方法もあるが、地方に行くと外食できる店自体が少ないうえ、営業時間も限られていることが多いので、人口の多い都会と同じ感覚であてにすることはできないであろう。

事前に道の駅などを候補地としていても、途中で景色のよい車中泊適地を見つければ、そこに腰を落ち着けることもできる

食事はどうする？

予定外に備えた食品も用意しておく

車中泊での食事は、大別すれば次の４つの方法がある。

A 手間をかける調理
B 出来合い調理品＋ひと手間料理
C 弁当（パン、カップラーメンなど含む）
D 食堂

それぞれ、準備が必要なものや場所、熱源、ゴミや洗い物の出かたなどが異なる。たとえば、手間をかける料理を作るには、それなりの器具と十分な熱源が必要であり、車内で行なうなら設備の整ったキャンピングカーでなければ難しい。野外で料理をするなら、開放感があって楽しいが、駐

設備の整ったキャンピングカーなら車内での調理も可能だが、どうしてもゴミや洗い物の問題がつきまとう

車場のようなところでやるわけにはいかないので、オートキャンプ場などに場所が限られる。そして、どうしてもゴミが出るのでその始末の問題や、洗い物の問題が生ずる。

その点、食堂で食事をするのであれば、お金さえ持っていればよく、ゴミ処理や食器洗いの問題もない（食堂がない地域ではどうにもならないが）。また、弁当やパン、カップラーメンなどで済ませるなら、湯沸し程度があれば十分であり、普通車の車内でも食事ができる。食器洗いも不要、ゴミは出ることは出るが、料理を作るときに比べればずっと少ない。

AとCとの中間的な方法が、Bである。すべて自分で調理するのではなく、出来合いの調理品を組み合わせたメニューにすれば、調理器具は簡単で済む。出るゴミも少なく、後片付け時に洗い場がなくてもなんとかなる。

ABCDいずれの方法にするかは、その人がどういう目的で車中泊をするのかによるところが大きい。たとえば、オートキャンプ場などに滞在し、調理と食事を楽しみたいのであればAになるだろうし、観光地などを巡る旅行で移動時間が長く、調理をしている時間がなければDやC中心、場合によってはBもあるということになるだろう。山登りや釣りなどのため、人里離れたところに入っていき車中泊するのであれば、Dは難しいことが多いが、産地の特産品や名物料理を食べることが目的の車中泊であれば、当然Dとなる（あるいは、手に入れた特産物を自分で調理しじっくり楽しむというAの人も）。

いずれにしろ、調理をするのであればそれに応じた準備をしなければならないので、出発前にはだいたいの方針は決まっているはずだ。ただ、車中泊旅行では思っていたように食事ができないこともあるので、どんな車中泊をするかにかかわらず、非常食は何食分か用意しておいたほうがよいだろう。

本格的な非常食ではなく、家庭でも使う食品で、賞味期限が比較的長いものを搭載しておくとよい

非常食といっても、乾パンのように何年も保存がきくものではなく、家庭で日常的に利用しているもののなかで、比較的賞味期限が長いものを、車内に積んで出発すればよい。特に最近のレトルト食品は、常温でも1年以上保存できるものがほとんどである。こういった食品を、非常時の非常食としても備蓄し、家庭で使いながら車中泊にも利用し、備蓄が少なくなってきたら補充するのがよいだろう。

洗顔や歯磨きはどこでどうする？

スウェーデン式歯磨きがおすすめ

車中泊旅行中に、洗顔や歯磨きで困ることは少ない。道の駅やサービスエリアなどでは、トイレ設備が整ったところが多いし、車中泊場所に適当な洗面設備がなければ、すこし先に進んで、よりやりやすい場所を探してから済ませればよい。

公共の洗面所では、最初は落ち着いてできない人もいるかもしれない。しかし最近は、長距離トラックの運転手ばかりでなく、老若男女いろいろな人が洗面・歯磨きをしている。洗面台がたくさん並んだ、なるべく大きなサービスエリアや道の駅に行き、車中泊の先輩たちに交じってやってみるとよいだろう。どうしても周りが気になる人は、すいた道の駅などに行くとよい。

公園や、市街地に近ければショッピングモールなどでも、洗面所が利用しやすいところがある。

車中泊場所で、清潔なトイレ・洗面設備が利用できるのはうれしい。混雑を避け、マナーを守って利用したい

早朝から営業しているファミリーレストランで、朝食を兼ねて済ませるのもよい。私の場合は、毎食後歯磨きをする習慣があるので、車中泊時でなくても、外食したあとはそこの洗面所で歯磨きをしている。

こういったところでの洗顔・歯磨きは、できれば混まない時間帯に行ないたい。また、手だけを洗う人がいたら、「お先にどうぞ」と譲るのがエチケットだ。もちろん、「無駄に水を使わない」「きれいに使う」「汚したら掃除する」のは当然のこと。自炊後の食器を洗面所で洗うのも自粛するべきだろう。

ただ、最近はトイレで洗顔などを望まな

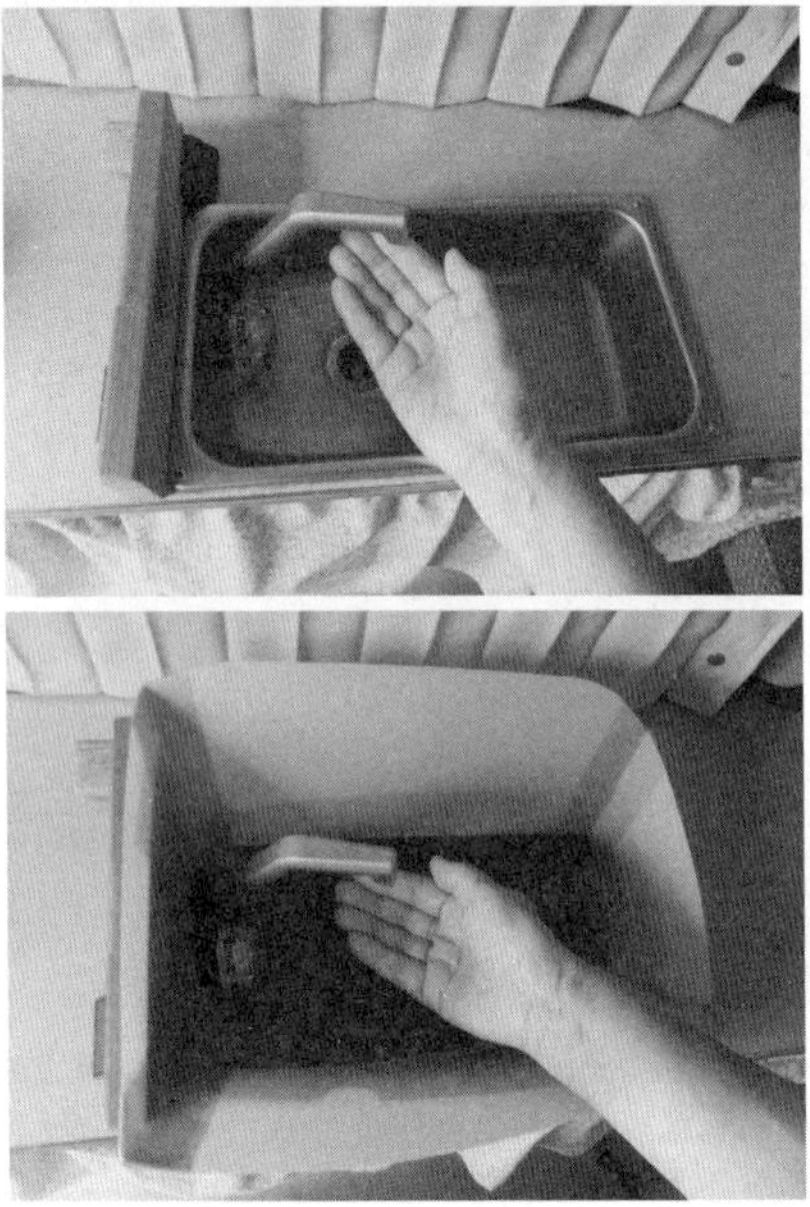

キャンピングカー備え付けのシンクが小さすぎて洗面がし難いので、プラスチックの板で漏斗状の“囲い”を作り、使いやすくした例

いところが増えているようで、とくにサービスエリアで、小さな流し（洗面槽）しか置かないトイレが多くなってきている。小さい流しのほうが、清掃の手間もかからないということなのかもしれないが、24時間、車で移動する人がいるのだから、考慮してほしいと思う。また、節水のためか、水量が極端に少ないところもある。インフルエンザ、新型コロナウイルス対策などで、きちんとした手洗いが推奨されていることに逆行しており、これも改善してもらいたいものだ。

洗顔や歯磨きをするのに適した施設がないところに行った場合でも、ペットボトルに入れたほんの少量の水で済ますことは可能だ。まず洗顔は、ティッシュペーパーを水で濡らし（あるいはウェットティッシュで）、目の周囲を念入りに拭く。もちろん顔全体を拭いてもよいが、目の周囲だけでもいちおうさっぱりするものだ。女性の化粧品にあるクレンジングローションなども、洗顔の代わりになる。

歯磨きについては、「スウェーデン式歯磨き」が応用できる。これは水をまったく使わない方法で、歯磨き剤を使って歯を磨いたら、あとはツバを吐き出すだけだそうだ。日本人には食べかすが気になるところだが、スウェーデンではこの方法により虫歯が非常に少ないというから、歯磨き効果も高いのである。私も以前から似たようなことを実践していて、歯周病治療のために、通常の歯磨きを終えた後、もう一度、歯磨きをして歯間に歯磨き剤を長時間残すなど、いろいろなことを試みている。そんな経験から、今の場合に一般の人にお勧めできる方法は、食事のあとにはまず、水を口に含んでブクブクとやって、口の中の食べかすを出す（飲み込んでしまってもよい）。そのあと歯磨き剤を使って歯を磨き、今度は水を使わずツバだけを新聞紙などに出す。何回かツバを吐き出せば、水を使わなくても歯磨き剤の残りは気にならなくなる。これなら、水道が使えないところでも毎食後、歯磨きができる。

食器洗いや洗濯のコツ

工夫次第で洗い物を車内で済ませることも可能

道の駅やサービスエリアなどの洗面所では、洗顔・歯磨きぐらいは許されるが、自炊後の鍋や食器を洗うのは自粛するべきである。見たところ、少量の洗い物を短時間で済ませる（もちろん、汚したり詰まらせたりすることはないように）なら、問題なさそうなところもあるにはあるが、最近は、食器を洗うことは禁止と明記されているところも多く、原則として不可と考えたほうがよい。

1泊か2泊の車中泊旅行であれば、洗い物を自宅に持ち帰って洗うこともできるが、それ以上では無理だろう。となると、車中泊中に本格的な自炊ができるのは、キャンプ場や、洗い場を備えた公園、あるいは河原ぐらいに限られるということになる。

もちろん、適当な洗い場がなくても、車内で自炊をすることは可能だ。その場合は、なるべく洗

キャンプ場の洗い場。こういった施設でないと、車中泊旅行中に食器洗いができるところはなかなかない

い物が出ないようにする工夫が必要である。紙製の使い捨て容器を使うのもひとつの方法だが、毎日となるとゴミが多くなる。

皿を使うとき、ラップを敷いてその上に食べ物を載せると、皿が汚れずに済む。食べ終わったあとの残飯はそのままラップに包んで捨てることもできる。あるいは、普通に食器を使ったあと、ティッシュペーパーで汚れを拭き取る方法もある。自分用の食器を決めておき、メニューも汚れが残りにくいものを工夫するなどすれば、何回かは洗わずに使うことも可能だ。洗う場合も、少ない水でよいので車内で済ますことができる。

洗濯物については、1週間ぐらいまでであれば自宅に持ち帰ってまとめて洗うこともできようが、それ以上となるとやはり旅先での洗濯が必要となってくる。

コインランドリーは、探すことに苦労する場合が多い。最近はインターネットに検索サイトがいくつか登場しているが、すべてのコインランドリーを網羅しているわけではなく、地域によっては半分、あるいは一部しか出ていないこともあるように思う。つまり、検索に引っ掛からなかったからといって、その地域にコインランドリーがないということではない。結局は現場で探すことも多いのである。

車中泊旅行中の洗濯をまとめてするのに便利なのは、キャンプ場である。ほとんどのオートキャンプ場にはコインランドリーがあり、普通のキャンプ場でも設備が整ったところにはあることが多い。他に、銭湯や温泉にはコインランドリーが少ないが、湯治客向けの温泉であれば、コインランドリーも置いているところが多い。ホテルや旅館のコインランドリーは、基本的には宿泊者向け。車中泊旅行でも、たまにはオートキャンプ場に泊まる日を組み込み、体のリフレッシュとともに溜まった洗濯物を片付ける日とするのもよいかもしれない。

洗濯をまとめてするにもキャンプ場が便利。もちろん短期間の旅であれば、持ち帰って洗濯することもできよう

トイレなど公共の手洗い場では、食器洗いや洗濯を禁止する張り紙が、最近は目につくようになった

寒さ対策と暑さ対策

人体の発熱を有効利用し断熱する

●寒さ対策

車中泊時の寒さは、暑さに比べれば対策がしやすく、意外になんとかなるものである。走行中であればエアコンの暖房が最も簡単で効果的であるが、止まっている車ではNGである。エネルギー効率が悪くて燃料の浪費となるだけでなく、環境に悪いし、寝ている間に排気ガス中毒に陥ってしまう危険もあるので、車中泊の寒さ対策からは除外される。

寒さ対策には、原理的に「加熱」と「断熱」がある。「加熱」の手段には、FFヒーター、電気毛布、カイロなどがある。車のエアコンは、アイドリング禁止なので、含めない。「断熱」には熱源が不要であり、一晩中利用しても電力・燃料は要らず、コストもゼロである。

しっかりした防寒対策をしていれば、マイナス一桁くらいの環境での車中泊は、暖房器具なしでもそれほど苦にならない

「断熱」は「車側の断熱」と「人体側の断熱」に分けることができる。「車側の断熱」には、車体に取り付ける断熱材、窓に付けるカーテン、シェードなどが使われる。「人体側の断熱」には、着る物、シュラフ、布団、毛布、フリース布が利用される。

「加熱」の熱源に加えることのできる特殊な例に、人体による発熱がある。人は、寝ているときにも100ワット程度の熱を放出している。ハンディーな電気カイロが10ワット程度の発熱で済むことを考えれば、人はその10倍もの発熱をしていることになる。この熱を「断熱」することによって逃がさないようにすれば、エネルギーの浪費もなく、環境にもやさしい、理想的な寒さ対策となる。

では、どのような「断熱」をすればよいだろうか。

キャンピングカーでは車体に断熱材を組み込んだものもあるが、普通の車では断熱はほとんど考慮されていない。とくに窓ガラスからは、車内の熱がどんどん逃げていってしまう。そこで、窓だけでも断熱材で覆うと、冷え込みはかなり和らぐ。第3章で紹介した、レジャーマットを窓にはめ込む方法が簡単で効果的だ。最近は、市販品のシェードが入手しやすくなっており、主な車には専用の規格品まであって、簡単に取り付けられるので、こちらを用いてもよい。

より効果的なのは、自分が暖かくしたい空間をフリース布で囲む方法である。完全に囲むのが理想的ではあるが、天井面からの冷気は少ないので、前後左右にフリースをぶら下げるだけでもよい。ただ床面からは強い冷気が上がってくるので、床面との境はしっかりカバーして、隙間を作らないようにするのが大切だ。また、フリースには大きめの寸法のものを用い、前後左右のフリースの間から隙間風が入らないようにする。車内の隅など、フリース布の隙間ができやすいところは、荷物などを置いて塞ぐのもよい。この方法なら、窓の断熱だけでなく、車体そのものの断熱不良も補うことができる。フリースは断熱性が良い上に、通気性もよく、扱いやすいので、このような使い方

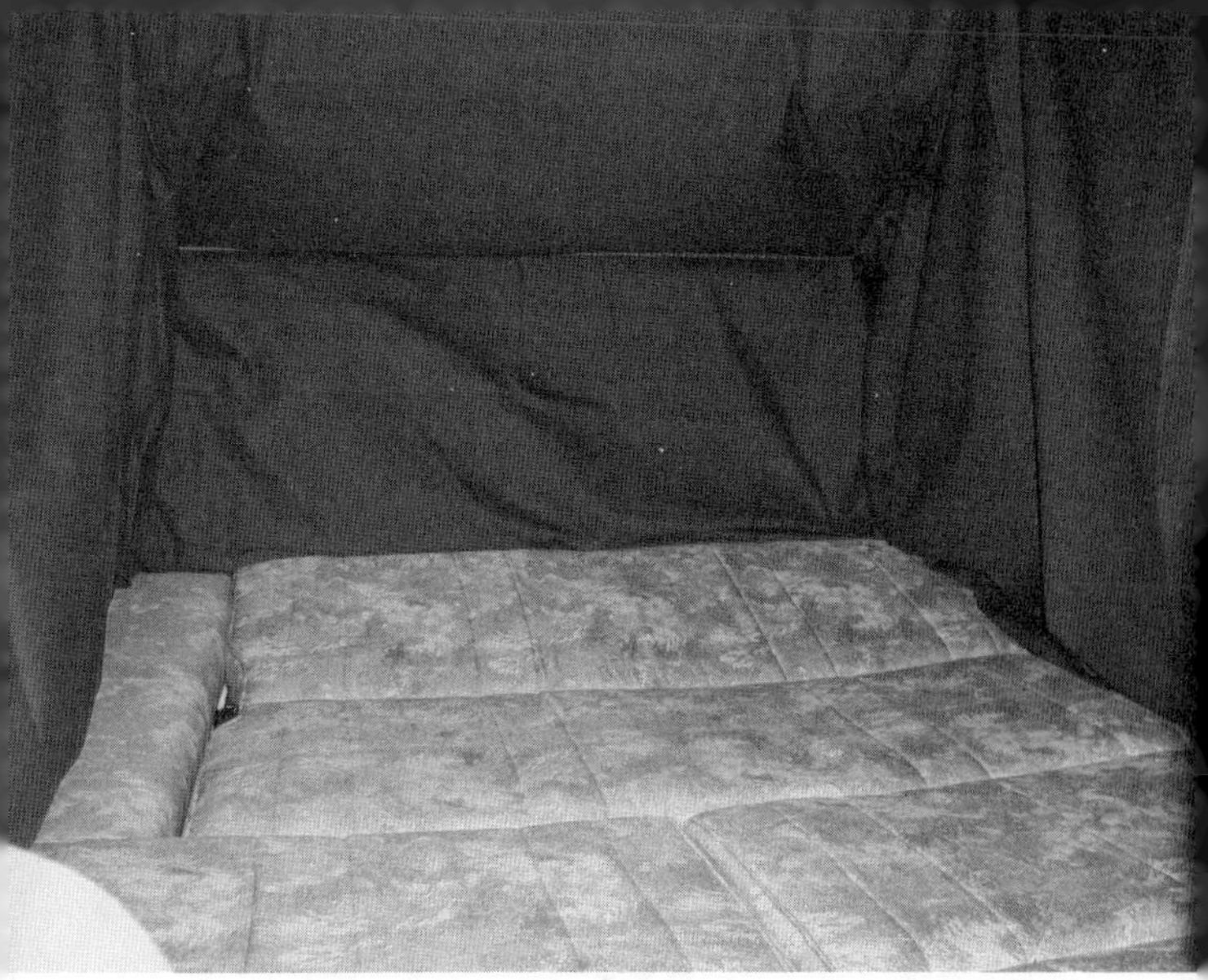

フリース布で囲まれた車室内。寒さ対策でも、加熱と違ってこういった断熱には熱源は必要なく、ひと晩中利用するのに適している

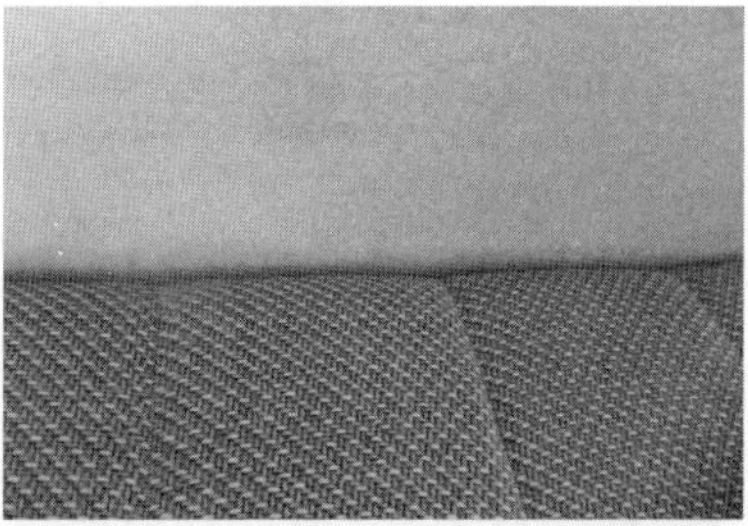

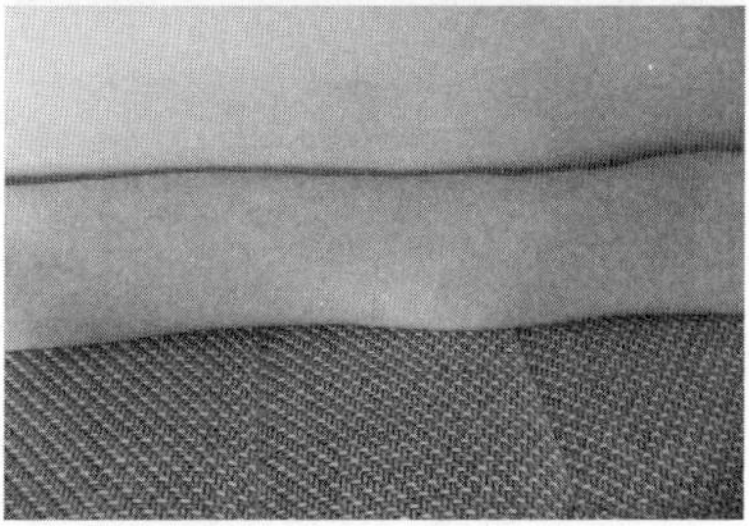

床と壁との境目(上)。一見して隙間はなさそうだが、じつはこういったところから冷気が漏れてくる。フリース布やクッションなどを置くことで冷気の漏れを防ぎ、断熱効果が高まる(下)

をするには、適した材料と言える。

このように自分のいる空間をフリース布で囲えば、冬でも暖房器具なしで快適に過ごすことができる。私の経験では、外気温がマイナス4～5℃くらいの寒い季節に、車室内と外気の温度差が大きいときには14～17℃もあった。室内の温度は10℃くらいなので、なんとかなる。温度差が小さいときでも7～10℃はあるので、関東以西の平地であれば、冬、寒さに困ることはなく、外から室内に入るとこんなに暖かいかと感じることさえある。

「人体側の断熱」では、冬用のシュラフを用いたり、着る物を特別に多くしたり、あるいは、電気毛布や湯たんぽなどを使うことになるが、やはり、室内全体を暖かくした場合に比べれば、居心地や寝心地は劣ることになろう。また、室内がひどく冷えているときに身の周りだけを暖かくすると、結露を招く原因にもなり、起きたらシュラフの表面がびっしょり濡れていたということも起こりうる。

●暑さ対策

車中泊で寒さよりも問題なのは、夏の蒸し暑さだ。クーラーを使えれば良いが、電気自動車やPHV（プラグイン・ハイブリッド）車は別として、エンジンをかけておかなければならない。車中泊中のアイドリングは、厳禁である。せめてもの対策として、窓を開けておくことになるが、この場合は網戸が欲しい。前章で紹介したように、最近は車種別に用意された市販品もかなり揃っているし、自作するのも難しくない。網戸がないと、蚊をはじめとする虫に悩まされることになる。

123ページで紹介した、車の前後の窓を開けたうえで、送風機を使い、車内全体に風を通すようにする方法は、かなり効果的である。もちろん、小型の携帯扇風機でも良いが、送風機で循環させた風に当たるほうが、やはり涼しい。

ただ、網戸を取り付けていたとしても、寝ている間ずっと窓を開けておくのは、なんとなく物騒で嫌なものだ。そこで、本当に蒸し暑くて寝苦しいときは、車であることの利点を生かし、夜は涼しいところに移動しそこで車中泊をする方法がお勧めである。

標高の高い高原などに行けば、気温は数℃下がるだけでなく、窓を開けたままでも安心して寝ることができる場所を見つけられる可能性も高い。日本ではいたるところに山地があるので、たいていの場合は20~30キロも走れば、それなりに標高が高いところに行けるだろう。

また、こんな蒸し暑い夜に狭い車内で一晩過ごすのは苦痛だと感じるのであれば、車中泊にこだわらず、その日はホテルに泊まるなど、他の手段を選ぶのが賢いだろう。

結露を避けるためには

原理は単純明快だが実際は難しい

結露は、水分を多く含んだ空気が温度の低いものに触れたときに起きる。車の場合、窓ガラスや内壁などが「温度の低いもの」にあたる。だから、車中泊での結露対策は、「空気中の水分を多くしない」か、「窓ガラスや内壁の温度を下げない」かである。

ただ、人間は寝ているときでも、汗や呼気で水分を多量に排泄している。その量は一晩で500ミリリットルにもなるといわれているので、車内に人がいる場合に「空気中の水分を多くしない」のは難しい。空気中の水分を減らすために、押入れなどで使う除湿剤を利用することも考えられるが、効果が除湿剤の周りに限定されるので、あまり役立たない。また、窓を少しだけ開けておくという方法もあるが、車内の温度は間違いなく下がるし、その時の状況によっては、かえって結露が

レジャーマットで窓を覆った場合、隙間をテープで塞げば結露は生じない（窓の形状によるが、丁寧に作ればテープの必要はないだろう）

ひどくなることもある。

そのため、実際の結露対策は、ほとんど「窓ガラスや内壁の温度を下げない」方法が取られている。たとえば、車の運転席では窓ガラスが曇るのを防ぐために温風を当て、後部席のガラスではヒーターを貼り付けて暖める、などをしている。車のすべての窓ガラスや結露しやすいところを同じようにすれば、結露とは無縁になるわけではあるが、実際問題として、そのようなことは無理である。

車中泊で使える無難な方法は、暖めるのではなく、断熱を利用して「温度を下げない」ようにする手法だろう。寒さ対策で述べた、窓ガラスをレジャーマットで覆ったり、断熱性のあるシェードを使ったり、フリース布を垂らしたりする断熱方法は、基本的には結露対策にもなっている。

ただし、寒さ対策としての断熱と結露対策としての断熱は、少し異なる。たとえば、窓をレジャーマットで覆った場合、レジャーマットの室内側の表面では結露しないが、窓ガラスには結露するということがよく起こる。これは、レジャーマットの端の隙間から室内の湿った空気が窓ガラス側に入り込み、冷えたガラスに接触して結露するためである。寒さ対策であれば、窓の形に切ったレジャーマットを窓にはめ込むだけでよいのだが、結露対策であれば、湿った空気が窓ガラス側に入り込まないように、レジャーマットの端をテープで止めて、隙間をなくしてやる必要がある。養生テープやマジックテープなどを使うのもよいし、スポンジ状のもので隙間を塞いでやってもよい。

また、壁の場合には、壁の材料によっては、実際には結露する状態であっても（多量の水分が存在していても）、見かけ上、そう感じないものもある。ガラス窓のように表面がつるつるのものでは、表面に過剰に吸着した水分は結露して液滴になり、結露したとすぐわかるし、触ればべっとりと水がつく。一方、壁の材料が多孔体や起毛材であれば水分は密生した隙間や細孔に入り、そこで吸着、吸収し、かなりの水分を蓄えることもできる。その結果、多孔体や起毛材の表面は結露することとなく、さらさらしている。

これは、水分が材料に吸収されたとか、吸蔵されたとかいう状態に当たり、吸収・吸蔵される水分量が多い材料は「保水性がよい」とか「保水力がある」とか言われている。車の内壁などによく起毛材が用いられるのは、肌触り・高級感のほかに、このような結露を防ぐ役割も果たしていると言えよう。

同様の理由で、フリース布を垂らす断熱法は結露防止に非常に効果がある。フリースは空気を適度に通すので、車室内の空気は布を通って窓ガラスに達するが、途中で水分はフリースの中に蓄えられ、窓面に達したときには結露をするほどの水分はほとんどなくなっている。また、フリースの断熱性は非常によいので、室内側の表面は室内温度に近く、ここで結露することもない。

もっとも車の場合、家屋と違い、窓ガラスの結露ぐらいで壁や車体が傷んだり、不具合が生じたりといったことはない。せいぜい、結露したガラス窓に触れた衣服などが濡れてしまうといった程度である。また、昼間に窓を開けたり、運転中に暖房を入れたりすれば、車室内は乾燥しすぎるぐらいに湿度が低くなり、結露しても自然に乾いてしまう。そこで、車室内の水分を積極的に窓ガラスに結露させることで、除湿材のような役割をさせるのもひとつの考え方であろう。

ゴミはどうする

量を減らす工夫をし、少量ずつこまめに処理

数日の車中泊旅行であれば、その間に出たゴミを家に持ち帰ることは可能だ。しかし車中泊の日数が増え、1週間を超えるようになると、ゴミの量も増え、持ち帰るのが困難になることもあるだろう。そうなると、現地で設置されているゴミ箱を利用することになるが、「ゴミは持ち帰ろう」との標語が広く浸透している昨今、ゴミの始末について悩む場面もある。

ゴミ箱が置かれているのは、コンビニ、サービスエリア、道の駅（最近はどんどん少なくなっているが）、一部の公園、スーパーなど。これらの場所に設置されたゴミ箱は、基本的に、「この場所で発生したゴミを捨ててください」というものである。たとえばサービスエリアでは、そのサービスエリアを利用中に出たゴミは捨ててよいが、それ以外のゴミは捨てないように求められている。

また、コンビニのゴミ箱に関しては、実際に私は聞いて回ったことがあるのだが、その店で買い物をして出たゴミのほか、少量の持ち込みゴミであれば、買い物のときに捨てていくのは許容するという考えが多数派であるようだ。

もちろん、サービスエリアにしてもコンビニにしても、家庭で発生したゴミを持ち込み、捨てていくことは禁止と呼び掛けている。しかし、捨ててよいゴミと捨ててはいけないゴミの種類が厳密に規定されているわけではないので、結局のところ、捨てる人のモラルに大きく依存することになる。

そこで、ちょっと見方を変え、この問題

近年は、サービスエリアのゴミ処理は管理者の努力によりかなり改善されたと思う

をゴミ収集体制から考えてみよう。

国内ではすべてのゴミは「家庭ゴミ」か「産業廃棄物」に分かれる。家庭ゴミは自治体の責任で収集・処理され、産業廃棄物は事業者の責任で処理される。上記のような、一般人が出入りする場所にあるゴミ箱を分類すると、

A自治体が管理するゴミ箱＝市町村管理の公園、道の駅などにあるゴミ箱。

B事業者が管理する産業廃棄物系のゴミ箱＝サービスエリア、パーキングエリア、コンビニ、キャンプ場などにあるゴミ箱。

となる。

ゴミを捨てる側から見ると、出かけた先

ゴミの処理方法の考え方

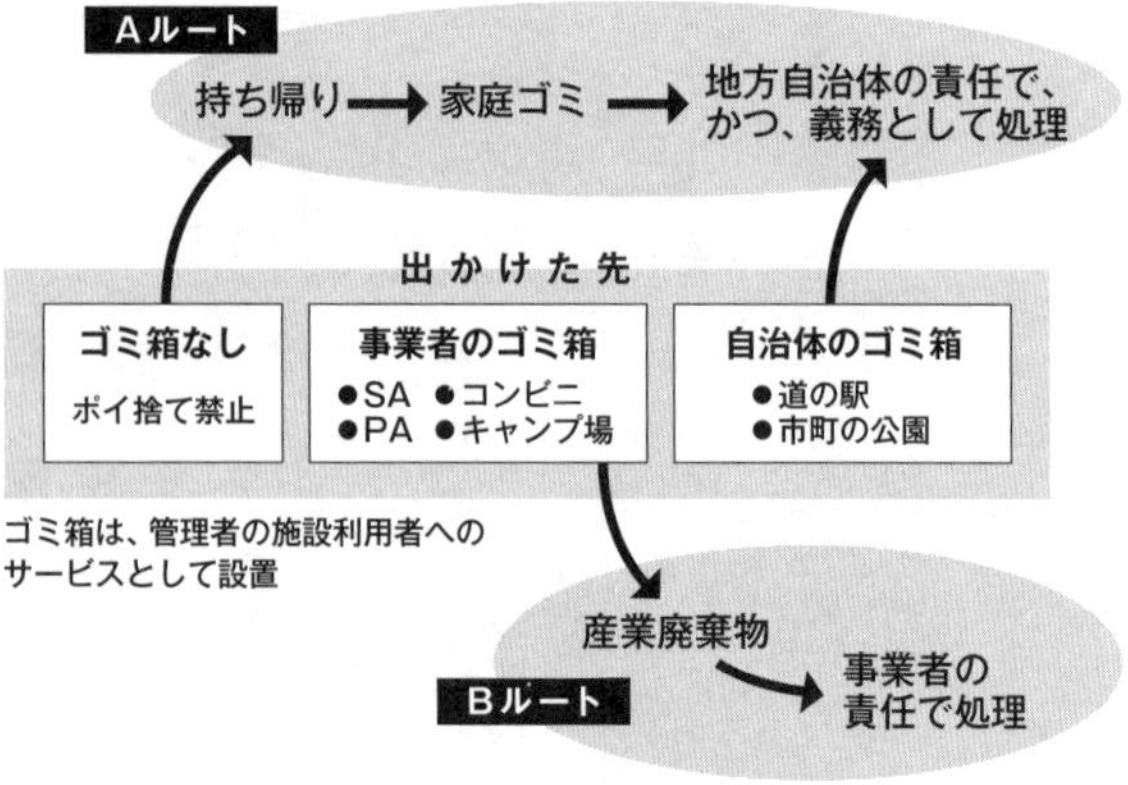

道の駅に設置されているゴミ箱と、サービスエリアに設置されているゴミ箱では、処理ルートが異なる。が、出かけた先のゴミ箱に捨てるか、持ち帰って捨てるかは、処理ルートの違いだけである

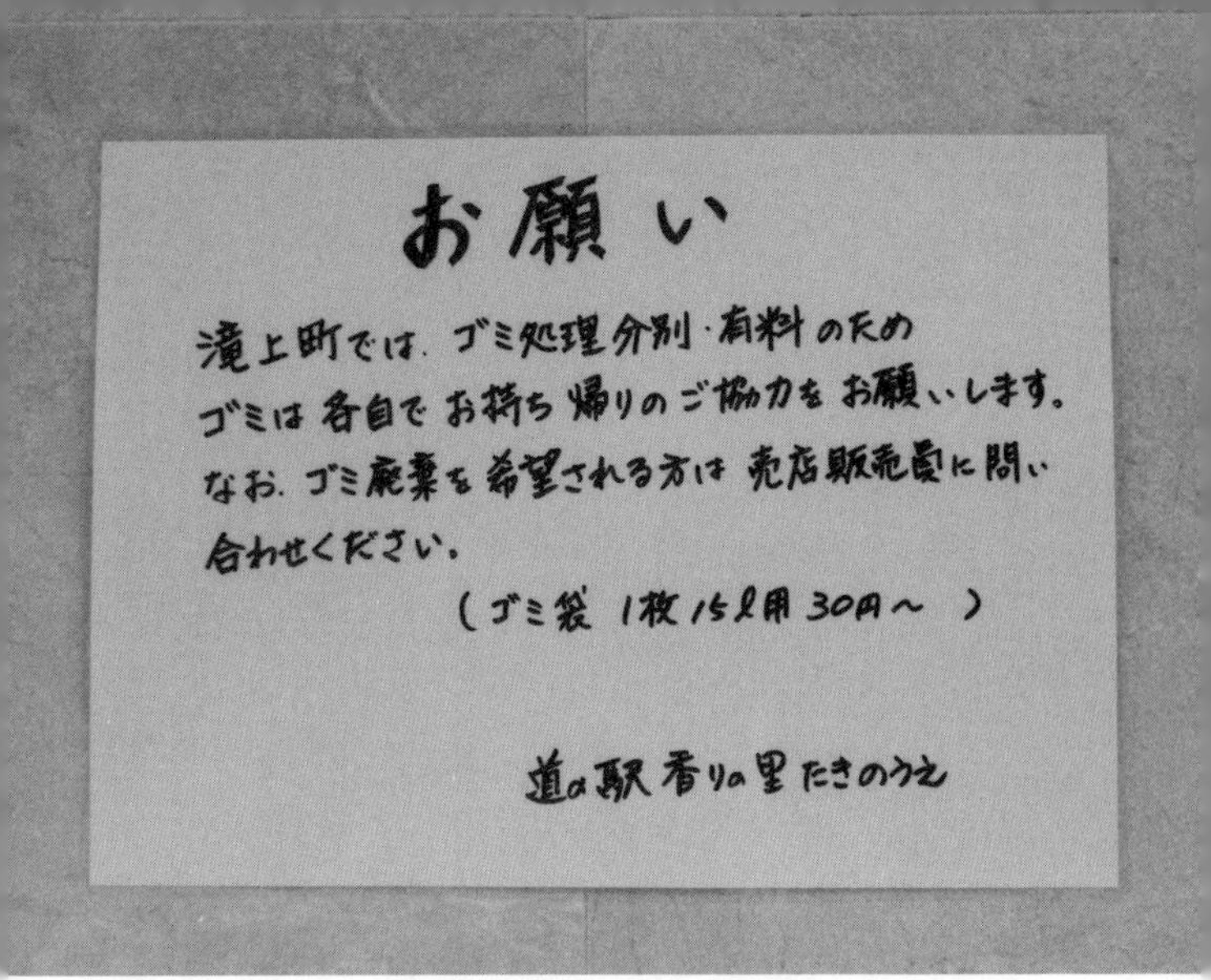
お願い
滝上町では、ゴミ処理分別・有料のため
ゴミは各自でお持ち帰りのご協力をお願いします。
なお、ゴミ廃棄を希望される方は売店販売員に問い合わせください。
（ゴミ袋 1枚15ℓ用30円～）
道の駅香りの里たきのうえ

場所によって違うゴミ処理の対応を求められることもある。ゴミ箱が設置されている場合、感謝の気持ちを持って利用したいものだ

にはAゴミ箱とBゴミ箱とが置かれている。そこでゴミを捨てれば、ゴミはABそれぞれのルートで処分される。そこで捨てずに持ち帰れば、持ち帰ったゴミは家庭ゴミとしてA（自治体）の処理ルートで処分されることになる。すなわち、ゴミをその場で捨てるか持ち帰るかの違いは、Aルートで処分されるかBルートで処分されるかの違いだけ、ということになる。

「ゴミは持ち帰ろう」という標語のため、ゴミ箱があってもそこに捨ててはいけないと錯覚している人が、ときどきいるようだが、そんなことはない。ただし、ゴミ箱はあくまでその場所の管理者がサービスとし

て置いているものであるから、利用する者は感謝の気持ちをもってゴミを捨てるべきであろう。いっぽう、持ち帰ったゴミは家庭ゴミとなるので、自治体の収集ルートに出せば、自治体は義務としてこれを処分しなければならず、大威張りで出すことができるのである。

近年は、自治体の置くゴミ箱がどんどん減っている。家庭ゴミを集めるのは有料なのに対し、道の駅などに設置するゴミ箱は無料なので、利用者負担の原則から税金を使ってそのようなゴミ箱を置いてよいものかという議論になるのであろう。いっぽう、サービスエリアのゴミ箱は、以前はゴミがあふれ出して目を覆いたくなるような状況であることも少なくなかったが、最近は著しく改善され、サービスが行き届いているところが多いように思う。以前からゴミ箱をきれいに管理していたコンビニも含め、管理者側のそういった努力に感謝したい。

車中泊をする者としては、ゴミの量を増やさないよう、可能な限り工夫をすることであろう。

「ゴミになるものは、できるだけ買わないようにする」

「ゴミ出し可能な場所では、少量のうちに、こまめに、ルールに従って処分する」

などがポイントとなる。また、不必要な自炊を控えるのも、ゴミを増やさないために役立つ。自炊をするとゴミの量が多くなりがちであるだけでなく、家庭ゴミと同じ内容になるので、旅先で出せるところは少ない。オートキャンプ場であっても、持ち帰りを求められることがある。いっぽう、ゴミの受け入れをしているガソリンスタンドでは、給油の際にゴミの中身を「こういうゴミだけれども……」と断ったうえで頼めば、引き受けてくれることもある。なお不燃ゴミは、持ち帰りが原則、ではなく「絶対に持ち帰るべき」と考えるほうがよい。不燃ゴミを出せるところはまずないうえ、たとえ長期の旅行であっても、不燃ゴミを車に積んでおいても支障はないはずだからである。

車内ではこのように分別しておくと便利

本・雑誌	基本的に持ち帰り、資源ゴミとして出す
燃えるゴミ	「燃えるゴミ」「燃やせるゴミ」の箱に入れる
プラスチック	地域によって集め方が異なる
ペットボトル	「ペットボトル」の箱に入れる
かん・びん	「かん」「びん」の箱に入れる
その他、 燃えないもの、大物	持ち帰って処分する

プラスチックゴミのうち、「容器包装」は全国共通であるが、その他のプラスチックは「燃えないゴミ」として出せる地域と「燃えるゴミ」として出せる地域があるので、要注意

電気の上手な使い方

電気使用量を大・中・小で見積もる

自宅で使うような電気機器が車の中でも使えれば、とても便利だ。しかし、車内では電源が限られており、自宅と同じような使い方はできない。

まず、どのくらいの容量の電源（バッテリー）を用意すればよいかということだ。使いたい電気機器の消費電力と使用予定時間を見積もり、トータルの消費電力量に見合った容量電源を選ぶ、というのが、優等生的な決め方であろう。しかし、実際には予想通りにならないことが多い。

では、どうするのがよいだろうか。実際的な方法は次のふたつがあるのではないかと思う。ひとつは、使いたい機器の中で最も消費電力の大きい電気機器に合わせる方法。たとえば、コーヒーが大好きで、最大消費電力の機器である、６００ワットのコーヒーメーカーだけはなんとしても使い

サブバッテリー電源／インバーターの組み合わせと使い方

電源の区分	電源容量	インバーター容量	利用例
小容量	20Ah程度（240Wh程度）	100～200W	●ノートパソコン、スマホ、携帯電話の充電。その他100W程度のものを短時間使用する ●シガーソケットと同程度の容量（普通は150W以下）のものを使える
中容量	50Ah程度（600Wh程度）	400～700W	●上記のほか、小容量電気ポット、毛布、扇風機、炊飯器、など、インバーター容量以内のものなら使える
大容量	100Ah以上（1200Wh以上）	1000W以上	●上記のほか、電気ポット、電子レンジ、ドライヤーなど大消費電力のものでも短時間なら使用できる ●100Ah程度のサブバッテリーを2台使えば、かなりゆとりができよう。それでも長時間の電子レンジは厳しい

小容量に関しては、このくらいの容量であれば、簡単に設置できるポータブルバッテリーがおすすめ。また大容量に関しては、騒音・排気ガスが出るが、発電機（室内利用は危険）ならもっと電気が使える

たいなら、800ワットから1キロワット相当の電源を選ぶ。コーヒーメーカーを使う間は、他の電気機器は極力使わなければよいのである。

もうひとつの方法は、消費電力量を大雑把に大・中・小ぐらいに分け、自分が車中泊で電気をたくさん使いそうなら大を、あまり使わなくて済みそうなら小を選ぶ方法である。いったん電源容量を決めてしまえば、その範囲でまかなうようにしてもそう不満はないはずだ。電気を節約する術はいくらでもあるし、その電気機器の使用を制限しても、車中泊にはそれほど支障はないからである。参考までに、サブバッテリー

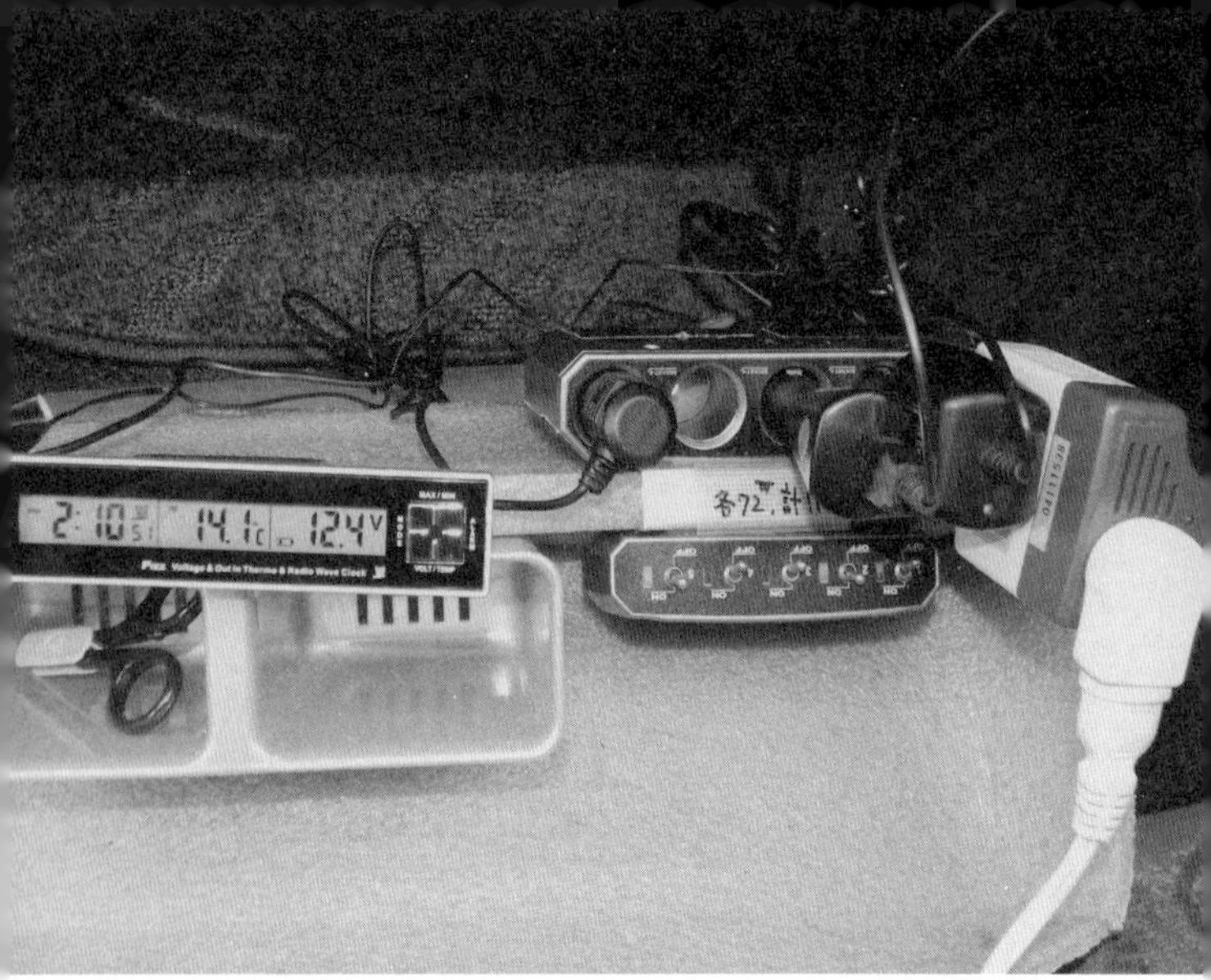

時間、温度もわかる電圧計を、シガーソケット（スイッチ付きの分岐ソケットを使っている）に取り付けた例

とインバーターの組み合わせを、私の主観で大・中・小に分けてみたのが177ページの表である。

電気の節約術としては、たとえば電気毛布は寝る前に温めておき、寝るときには電気を切って寝る。冷蔵庫なら入れるものを可能な限りあらかじめ冷やしておく。あるいは、サブバッテリー以外の電源（乾電池式ライト、ポータブルバッテリーなど）をうまく活用することも大切だ。

バッテリーの特性のひとつとして、大電流を取り出すよりも、小さな電流を取り出すほうが長持ちし、バッテリーに蓄えられた電気を無駄なく使うことができる。たとえば、2リットルの電気ポットで湯を沸かそうとすると、湧く前に電圧が下がり、電圧低下の警報が鳴ってしまうような場合でも、1リットルの、それも400~500ワット程度の低消費電力のポットを使って2回沸かせば、警報が鳴ることもなく2リットルの湯を十分沸かすことができることもある。

車で使う電気機器は、他の事情が許す限り、できるだけ消費電力の小さいものを使うほうがよい。そして、バッテリーの容量が少なくなってきたら、機器の同時使用は避け、時間をずらして使うのが得策である。また、少し極端な使い方ではあるが、小容量の電気機器を使う予定でも、自分が使ってもよいと思うバッテリーの中で最大のものを選べば、バッテリーにとっては非常にゆとりのある使い方となり、びっくりするほど長期間使い続けることもできる。

シガーソケットから電気を取る場合は、電気を使いすぎればメインバッテリーが上がってエンジンが掛からなくなる。これを避けるためには、シガーソケットに電圧計を取り付け、メインバッテリーの電圧を測るのもお勧めである。エンジンが掛かる最低の電力を残しておくためには、あくまで目安ではあるが、電圧が11・5ボルトくらいに下がったら、シガーソケットからの電気使用を止めるのがよい。慣れてくるとバッテリーの劣化の程度なども知ることができて大変便利である。

車中泊旅行の費用について

〝安く済む〟のは二次的な魅力と考えよう

車中泊をすれば、宿泊代は基本的に不要となる（有料のオートキャンプ場やRVパークなどに泊まる場合は別）。日帰り温泉などの入浴施設を利用するのに、1回400円～1000円程度かかるだけなので、ホテル・旅館に泊まれば素泊まりで1泊1人4000円～1万5000円程度はかかるのに比べ、圧倒的に安上がりだ。

ただこれは、あくまで1泊の宿泊費の比較であるから、〝車中泊旅行はどのくらい費用がかかるか？〟という問いに対する答えとしては具体性を欠くかもしれない。そこで、見方を変えて、2泊3日の添乗員付きパッケージツアーと比較してみよう。もちろん、もっと安いツアーもあるし、もっと高いツアーもあるが、ここでは、私の物差しによる比較なので添乗員付き（最近少なくなって

パッケージツアーと車中泊旅行の費用比較

車中泊旅行費用（2週間）		2泊3日 パッケージツアー費用（2人）	

東京―北海道	12～43万円	東京―北海道	10～20万円
東京―九州	12～30万円	東京―九州	8～20万円
東京―信州	8～26万円	東京―信州	6～16万円

あくまで私の旅行の例。また、パッケージ旅行は当然、もっと安いものも高いものもある

はいるが）とした。一般的なパッケージツアーといえばだいたいこのくらいではないだろうか（図の右側）。

これに対し、車中泊旅行ではどのくらいの費用がかかっているかを、私の経験から概算すると、図の左側のようになる。ただし、すべて期間は2週間である。なお、パッケージツアーと同じ2泊3日で信州旅行をした際の費用は、おおむね3万円～5万円程度であった。

なお、この車中泊旅行費用には、高速道路料金（北海道はフェリー料金も）、燃料代、飲食代、入浴料などを含む。車中泊用の装備や車の改造費などは含んでいない。

ごく大雑把に言えば、車中泊での2週間程度の旅行でかかる費用は、通常の2泊3日のパッケージツアーとだいたい同じくらい……というのが、私の個人的な印象である。当然、走行距離や車の燃費、食事の内容などによって、かかる費用は大きく違う。ちなみに私の場合は、食費に使う割合は平均以上に大きい。逆に言えば、食事にこだわらなければ、車中泊旅行はもっと安く済ませることも可能であろう。

ただ、車中泊旅行と通常のパッケージツアーを比較する場合、検討すべきは旅の内容であろう。安く済ませたいから車中泊で……という面も確かにあるが、それよりも、自分の好きなように、臨機応変に楽しめるのが車中泊旅行であり、いっぽうで、効率良く旅行できるのがパッケージツアーである。費用の問題は二の次的なものと言えるだろう。

もし、車中泊のためにキャンピングカーを購入するとなれば、初期投資は大きなものになる。極端な例を挙げれば、1000万円もする豪華なキャンピングカーを購入したが、10回しか利用しなかったとなれば、費用面だけを考えれば、1回の旅行で100万円を使っていることになってしまう。もちろん当人が、そのキャンピングカーにそれだけの価値を認め納得しているのであれば問題ないが、無駄な買い物をしたと後悔するケースも少なくないようなので、やはり十分に検討したうえで購入を判断すべきである。逆に、購入後によく利用するのであれば、長い目で見ると宿に泊まるよりもずっと安上がりな、良い買い物であったということになる。

　車中泊のための車を購入するのではなく、もともと所有している車を車中泊に利用するのであれば、初期投資は少ない。車中泊のための装備を新たに買い足すとしても、その程度によるがキャンピングカーを購入する場合の1割くらいの費用で済むであろう。

旅行中の防犯・危険回避術

危険があるところは避けるのが第一

知らない場所での車中泊は、程度の差こそあれ、慣れるまでは誰もが不安を感じることであろう。防犯上の不安は、夜、寝ている間に良からぬ輩《やから》が来るのではないかとか、食事に出ている隙に盗難に遭うのではないかなどである。

近年は、車上荒らしの話を聞くことも多くなったし、車そのものを盗む組織的な犯罪もニュースになる。車中泊旅行をしていて、こういったトラブルに巻き込まれる可能性は確かにゼロではない。

しかし、防犯において、車中泊には大きな利点がある。自宅とは違い、移動が自在であるので、危険と思われる場所を避けて泊まれば良いのだ。まず、盗難被害は都市部とその周辺に多い。また、盗難などの被害に遭いやすいのは、「車が何台か停まっているが、人がいないところ」である。都市部の夜の駐車場はその典型であるし、何台かの車が駐車している登山口や、釣り場近くの路上などは、要注意場所として挙げられる。

　基本的に、人の出入りが多く、明るいところは安全・安心度が高い。ただし、人が多いということはドロボーも多いということである。その点では、ドロボーも来ないような僻地がもっとも安全だ（最近は、人家の近くでもクマが出没するのでそういう危険はあるが）。また、温泉は市街地から離れていても、脱衣所での盗難や車上荒らしなどが多いようで、注意をうながす張り紙を見ることもある。

走り回ったタイヤの跡が見られる駐車場。夜になると暴走族が現れる可能性が高いので、車中泊は避けたほうがよさそうだ

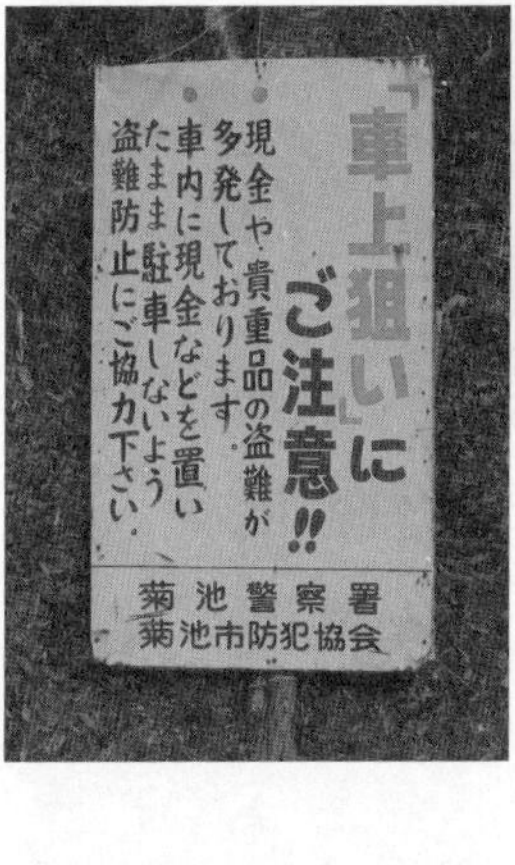

登山口の駐車スペースや釣り場の入口など、何台かの車が駐車しているところは山中でも車上荒らしが多いようだ

車から長時間離れる際には、以下の点に注意する。

●鍵のロックを確実に。

●車内の荷物が見えないようにしておく。見えない場所に移しにくいものは、黒い布をかけると良い。

●貴重品は車内に残さない。現金はまとめず分散して保管。

●防犯ブザーなども有効。ただし、音が鳴ったときに処置できないと周りに迷惑をかけるので、遠くに離れているときは原則使わないのが無難。

他に、車のドアや窓が破られたり侵入されたりしたことを検知し、携帯電話・スマートホンに通報してくれるグッズやアプリもある。ただしこれらは、あくまでも事後処理のためのものであり、被害自体は防ぐことができない。

また、万が一、車の中で寝ているときにドロボーが現われたらどうするか。私の考えでは、ドロボーは車に誰もいないと思って物取りに来た可能性が高いので、まずは威嚇・警告するのが良いと思う。そのためには前述の防犯ブザーなどが有効であるし、この車には屈強な男が何人もいるのだぞとばかりに、大声で怒鳴り、クラクションを鳴らす。警察に電話し、仮につながらなくても、すぐに警察が来るかのように演出するのが良い。そして、可能なら隙を見て運転席に移り、エンジンを掛けてその場から離れる。

車中泊場所に暴走族が現われたときも、騒動が起こる前に退散する。走り回ったタイヤ跡が残っているような場所は、避けたほうが良い。ともかく、防犯対策は〝君子危うきに近よらず〟で、あらかじめ安心な場所を選んで車中泊することが一番である。

なお、旅行中の留守宅に関する対策は、車中泊旅行であろうと通常の宿泊りの旅行であろうと基本的に変わりはない。留守宅のドロボー避けグッズとしては、二重鍵や、窓ガラスの防犯フィルム、防犯灯、センサライト、防犯カメラ、室内カメラ、防犯ブザーなどがある。ただし防犯ブザーは、誤作動も含め、鳴ったときにどうするかをよく考えておくこと。室内灯をつけておくとか、ラジオを鳴らしておいて在宅と見せかける方法もある。雨戸を閉めると留守とわかってしまうが、侵入防止には効果があるのでこれも一長一短だ。

トラブルや事故が起きたら

事故対応の説明書はひと通り読んでおく

何日も車中泊をしていると、トラブルは付きものである。搭載機器の不調、車そのものの故障などは避けられない。

電装品や電気機器がまったく動作しない場合、マイコン搭載機器であれば、電源を入れなおすか、リセットボタンを押せば、動いてくれる場合が多い。次にヒューズがある場合には、それを点検し、ヒューズが切れていれば交換し、切れた原因と思われる不具合に対処したうえで電源を入れる。ヒューズが切れていなければ、それ以上の対応はその人の技術と知識によって違ってくるが、どうしてもそれがないと旅行が続けられないという装備・機器は少ないのではないだろうか。たとえば湯沸かしやテレビが壊れたとしても、なんとか我慢できるし、他の方法もある。旅を終えてか

旅先での車のトラブルは、自分ではどうにもできないものも多い。
JAFや保険のロードサービスには加入しておきたい

ら修理・買い替えをすれば良い。

　車の装備や機器類の故障に関しては、自分で応急処置ができれば申し分ない。もちろん、車が動かなくなってしまうような大きな故障だけは何とかしなくてはならない。そんなときに救いの神となるのがＪＡＦや車保険のロードサービスだ。電話一本で現場まで駆けつけてくれ、応急処置をしたり、近くの修理工場まで運んでくれる。後は、故障内容次第で、その日のうちに終わる場合もあれば、何日もかかる場合もある。頻繁に起こることではないが、たまにはそんなこともあることは頭に入れておくことが必要だ。何日も車中泊をする方には、ＪＡ

Ｆやロードサービスに加入していなければぜひ加入しておくことをお勧めしたい。同時に、契約内容も確認しておくこと。ＪＡＦと保険会社の救援サービスなどとの間で、無料サービスの範囲（牽引搬送、バッテリー上がり、パンク、ぬかるみ脱出など）が違うことが多い。

不幸にして事故の当事者になった場合の対処は、車中泊旅行中であっても、普段の生活の中での事故と変わりはない。まず人命優先で、必要に応じて救急車の手配や安全確保を行ない、警察、保険会社に連絡する。事故対応については、保険会社の丁寧な説明書があるはずなので、普段から目を通して大筋を頭に入れておく。そうすれば万が一のときにも慌てずに済むだろう。

また、病気や怪我をしたときのことも一応頭に描いておいたほうが良い。自分の車がそのまま救急車代わりになるのは車中泊旅行の利点ではあるが、知らない土地では最寄りの病院がわからない。ネットで調べる以外には、公衆電話に備えられている電話帳（ただし最近は公衆電話が少なくなった）や、看板が役立つこともある。もちろん地元の人に聞くのも良い。救急車は、呼ばずに済むような病状なら控えなければならない。ただし大丈夫と思っても致命的になってしまっていることもある。判断に迷うときはダイヤル＃７１１９（救急安心センター事業）に電話するように、ということになってはいるが、実施エリアが限られているのが実情である。

市街地から遠く離れたところでも、それほど不自由なく滞在を楽しめるのが車中泊の利点。今は携帯電話やスマートホンが普及しているので、トラブルへの対処もしやすくなった

旅行中の体調管理について

普段から体を鍛えておくことも大切

車中泊旅行中は、どうしても座席に座っている時間が長くなりがちである。それが何日も続くと、腰がこわばり、歩くだけでも腰に鈍痛を感じるようになる。

これを防ぐためには、車から降りたときに積極的に運動をすること。運動といっても大げさなものではなく、散歩程度でも良い。もちろん日課的に体操をしたり、ジョギングをしたりすれば申し分ないし、あるいは日帰り温泉などに併設されているプールやトレーニング施設を利用する方法もある。旅行日程のどこかに登山など、体を動かす日を設けておくのも有効だろう。

そして、旅行中だけでなく、普段の生活で運動を心がけ、体を鍛えておくことが大切である。歳をとればとるほどこれは重要であり、私もそれをつくづく実感している。人間の筋肉量、特に下肢

景色のよいところでは、運動を兼ねた散歩をするのがお勧め。宗谷丘陵では、私たちはフットパスコースの終点近くの丘陵で遊んでいる園児たちに出会い、言葉を交わした

筋肉量は、普通に生活していれば20歳台から減少するが、鍛えればそれなりに増強すると言われる。日頃のトレーニングが、車中泊での疲れや腰痛になりにくい、休憩をとりながらの長時間運転にも耐えられる体をつくるのである。

また、同じ姿勢で長時間座り続けたり、窮屈な姿勢で何日も寝ることを余儀なくされたりすると、エコノミークラス症候群と呼ばれる病気の危険がある。肺血栓塞栓症という正式名称の通り、血流が悪くなって血栓ができやすくなり、肺の静脈を詰まらせてしまうもので、息切れや呼吸困難などを生じ、重篤な場合は意識障害や心停止につながることもあるそうだ。

地震など災害の際に車中泊避難をし、エコノミークラス症候群になってしまった例が問題になったが、第6章で詳しく述べる通り、本書で紹介している「車の中でも楽に寝るための工夫」は、このエコノミークラス症候群予防にもつながるものと自負している。それを実践すれば、車中泊はエコノミークラス症候群とは無縁のものであるはずだ。

それでも、走行時間が長くなりがちな旅で、長時間座席に座った姿勢を続けるのは、やはり好ましくないことであろう。車から降りたらなるべく体を動かすことと、適宜水分を補給することは、エコノミー症候群予防だけでなく、元気な体を維持するためにも大切である。

北海道·積丹半島にて。積丹岬の先端近くまで遊歩道が整備されていて、運動不足解消には最適

車を降りたら、よい景色を眺めるために散歩をするなど体を動かすことを心掛けたい。写真は谷川岳·天神峠

泊まる場所・食事もこんなに変わった

車中泊を始めたころは、景色のよいところに泊まりたくて、泊まるところ探しに明け暮れていたといってもよかった。高い見晴らしのよいところが好きなので、海や川というよりも、山の方へ入ることが多かった。しかし、良いところがそう簡単に見つかるわけでもないので、道路わきや、あまり気の進まない空き地に泊まることの方が多かった。道の駅なら、仮眠の延長として利用できることは分かっていても、どうも自分の性には合わないと候補地としては後回しにするくらいだった。

それが、いつの間にか道の駅が増え、施設も整ってきて、たまに利用するとトイレが必ず使え、洗面所もきれいということで、道の駅を見直すようになり、だんだん利用頻度が増えてきた。今では、利用するかどうかは別にして、行く先の途中にある道の駅を頭に入れて進んでいくのが常道になっている。全国にほどよく配置されていて、安心して頼れる存在だ。

食事も、最初のころは、車の中で作り、食べることが多かったが、食器洗い、ごみ処理などの苦労が多いだけでなく、電子レンジを使いすぎるとバッテリーが消耗しすぎるなど、不都合なことも多く、次第に、食堂、弁当、出来合いの食べ物などの利用が増えていった。地方の珍しい物を食べられるのも食堂の魅力である。温泉が好きなので、温泉で食事も済ませてしまうことも多い。ゆっくり、のんびりできる。

とくに弁当は、辺鄙で景色のすばらしい所に最適で、ぼやーと、景色を見ながら食べたり、飲んだりしていると最高の気分になれる。そして、そのまま夕暮れになって、そこで車中泊できれば、つくづく車中泊をしていてよかったなと思いつつ、眠りにつく。

第5章 車中泊の場所選び

どんなところで泊まる？

道の駅やSAは休憩・仮眠のための施設

自由気ままに、好きな場所で泊まれるのが車中泊のよいところではあるが、どこでもOKというわけにはいかない。

日本国内で、正規に車中泊が認められている場所は、オートキャンプ場とRVパークくらいのものである。車中泊場所としてよく利用される、高速道路のサービスエリアや道の駅は、本来は休憩や仮眠のための施設であって、泊まるための場所ではない。はっきりと「車中泊（あるいは24時間以上の利用、長期滞在など）お断り」の看板を出している道の駅もある。そのような場所では泊まらないのはもちろん、車中泊が許される場所であっても、仮眠の延長として〝ひっそりと静かに車内で寝る〟というのが、車中泊の基本的な心掛けである。

見渡す限りの丘陵で、牧場と牛ぐらいしか目につかない。こんな景色の中でのんびりと車中泊ができれば大満足

逆に言えば、この〝ひっそりと静かに〟を守り、他人に迷惑をかけないようにすれば、車中泊が可能な場所は意外にあるものだ。たとえば、地方に行くと、町はずれに立派な公園や公共施設が整備されているところが多く、広々とした無料駐車場が24時間利用できることがある。また、あまり人けのない温泉地や日帰り温泉施設では、入浴した夜にそのまま駐車場で車中泊できる場合もある。

駐車場として整備されているところ以外にも、車中泊好適地を見つけることは可能だ。道路脇の空き地や、道路の行き止まりにある空き地、冬季以外は使われないチェーン着脱所、スキー場や海水浴場の駐車場として使われる空き地などが駐車可の状態で開放されているならば、道の駅などに比べると不便ではあるが、慣れればかえって落ち着いて過ごすことができる。実際、登山や釣り、バードウォッチングなど、自然の中での活動のために車中泊をするのであれば、このような場所を選ぶことは珍しくはないであろう。

私も以前は、道の駅などはなるべく利用せず、こういった空き地を探して車中泊していた。景色のよい、すばらしい場所を見つけるために、半日、ときにはまる一日近くかかってしまうこともあったが、そういう場所に出合えれば最高、なにものにも代えがたい。しかし、最近は、利便性を優先してもっぱら道の駅を利用するようになってしまったが。

人里離れた辺鄙な場所で車中泊するのは、不安を感じる人もいるであろう。ただ、客観的に見れば、実際に泥棒や暴走族など人的な危険が大きいのは街に近い場所である。「こんなところまで来る人はいないだろう」という場所であれば、ある意味では安心して車中泊ができるはずだ。もちろん、不安を感じるところで無理に車中泊をする必要はなく、自分が安心して泊まれる場所に移動すればよいのであるし、道の駅やサービスエリアなどは、その点でもやはり利用のハードルが低い。

次のページからは、それぞれの車中泊場所について、その長所・短所や注意点などを述べていく。

道路脇の空き地。こういう所で車中泊する際は、危険を避けてもう少し車道から離れて泊まろう

道の駅は全国各地にあり、トイレだけでなく食事や買い物などもできるところが多いので、利便性は非常に高い

サービスエリア、パーキングエリア

ハイウェイオアシス併設ならゆっくりできる

高速道路を利用して移動をするのであれば、サービスエリアやパーキングエリアで車中泊することは多いであろう。トイレ、洗面、休憩施設が整っており、特に最近は設備も立派で清掃などサービスも行き届いているところが増えてきた。またサービスエリアであれば、早朝や深夜でもフードコートを営業しているところが多いので、食事の心配もない。他にも風呂やシャワー、24時間営業のコンビニといった設備があるところもあり、車中泊族にとって非常に便利である。

また、道路が有料であり、市街地から隔離された立地であるからだろう、人の出入りが多いわりに、防犯上も比較的安心して泊まれる場所といえる。

ただし、すでに述べたように、本来は休憩や仮眠のための施設であり、泊まるための場所ではな

道の駅と同じく、利便性の高いサービスエリアやパーキングエリアだが、場所や時間帯によって混雑するところもあるので注意

い。車外にテーブルを出して飲み食いをしたり、テントを張ったりといった行為は許されないし、何泊も滞在することは慎むべきである。しかし、車中泊が歓迎されないサービスエリアがあるいっぽうで、ハイウェイオアシスが併設されたたサービスエリアとなると、レジャー施設的な要素も加味され、休憩だけでなくそこで長時間過ごして（お金を落として）もらいたいという意向が感じられ、車中泊をする者にとってもありがたい。

サービスエリア、パーキングエリアで難点といえるのは、都市部に近いところだと夜、大型トラックが続々と入ってくることだ。すぐそばでエンジンをかけたまま駐車されると、うるさくてよく眠れないことがある。トラックの駐車エリアから離れた場所を選ぶとよいのだが、駐車スペースが十分でないところだと、乗用車の駐車エリアに停めているトラックもある。特に深夜、乗用車が少なくなると、用足しのためにトイレの近くに入ってくることがあるので、トイレ近くは避けたほうがよい。また、都市部近くのサービスエリアやハイウエイオアシスでは混んで駐車もままならないこともあり、そういうところは避けて、あまり混雑しないサービスエリアやパーキングエリアを利用したほうがよい。

広い駐車場のどこに停めるかは、各人の好みの問題。ただ施設の近くは人の往来が激しいし、車中泊のマナー的にも遠慮したい

休憩スペースや情報コーナーなどを利用できるのもよい。道路情報だけでなく、その地域の思わぬ情報を得ることができたりする

最近は、施設内に日帰り入浴施設があるサービスエリアも少しづつ増えている。車中泊場所で夕食・入浴も済ませることができる

道の駅

管理者によって車中泊に対する考えが違う

道の駅は、旅行者の休憩場所的な役割を果たすため、各自治体が最適地を選んで、幹線道路沿いに多く設けられている（ただし、1号線、2号線のような超幹線道路には少なく、地域を走る主要幹線道路には多い）ので、旅行者が利用しやすい場所に点在する。現在、日本には１０００ヵ所以上の道の駅がある。都道府県によって多いところと少ないところがある（都市部近くでは数が少ない）が、車中泊場所として道の駅だけを使いながら日本一周の車旅をすることも可能だろう。

道の駅の条件は、24時間利用可能な駐車スペースとトイレである。車中泊では最低限必要なこのふたつが確実にあり、さらにそれぞれの道の駅が、独自の施設を置いている。食堂や風呂などのほか、地元の特産物を販売しているところも多い。ただし道の駅の食堂は、朝早い時間や夜遅い時間

道の駅は、それぞれに特色があるのも面白い。この道の駅は、雄大な富士山を目の前に眺めることができる

は営業していないところがほとんどである。場合によっては夕食時間前に営業終了していて、「今日の夕食は次の道の駅で」と当てにしていたのが外れてしまうこともあるので注意したい。

また、駐車スペースの広さもまちまちで、人気の高い道の駅では停めるところがなく別の車中泊場所を探さなければならないこともないわけではない。とはいえ、車中泊場所としてもっともイージーであり、ポピュラーなのが道の駅であることは間違いない。

サービスエリアエリアやパーキングエリアと同じく、道の駅も本来は車中泊するための場所ではない。そして、車中泊に対する考え方は、道の駅によって異なる。これは、道の駅は国（国土交通省）管轄の施設であるけれども、管理・運営は原則として各自治体に任されているからである。

私は以前、道の駅に泊まる際に、その道の駅の係の人に「車中泊をすることについてどう思うか」という聞き取り調査を行なっていたことがある。きちんとしたインタビューではなく雑談風であり、聞いた相手も管理者には限らなかったが、かえって納得のいく実態を知ることができたと思っている。

この調査（数としては、全国の道の駅の1割程度）では、大部分の道の駅で、車中泊しても差し支えないという回答を得た。「居眠り運転防止のため、仮眠や車中泊をする車を受け入れるのは道の駅の役目」とまで言ってくれる人もいたし、「駐車場で車中泊をしようがしまいが、営業時間外のことなので関係ない」というスタンスの人も少なくなかった。

いっぽうで、1割以上の道の駅から、車中泊は困るとか、してほしくないという答えが返ってきた。しかし「仮眠の延長として、車の中で静かに寝ているだけ」という条件をつけると、そのうちの3分の2ぐらいの人は「それならば問題ない」ということになった。また、道の駅によっては、駐車場が国の所有部分と自治体の所有部分に分かれており、自治体の所有部分は自由に使ってもよいが、国所有の駐車場で車中泊をするのは責任が持てないので控えてほしい、というところもあった。

特に都市部近郊の道の駅では、長期の車中泊（旅行者ではなく、いわゆる車上生活者）が問題視されているようだった。また、地域に限らず困った問題として挙げられたのは、煮炊き・バーベキューなどの後片付けをしない、ゴミを散らかしていく、トイレ・洗面の汚れ、ゴミ投棄などである。

この聞き取り調査を行なった当時（2010年前後）では、総じて車中泊者

車中泊族にとってかけがえのない施設となっている道の駅。「仮眠の延長として、静かにひっそり」の原則を守って利用したい

のマナーは以前に比べ改善されているという話であった。しかし、現状では、どちらかというと道の駅での車中泊はやりづらくなっている傾向があるように思う。

自分が泊まろうとしている道の駅が、車中泊を許可しているかどうかを確認するには、事前に連絡して尋ねるのが確実であるが、いつもそうするのは実際問題として難しい。少なくとも、「長時間の駐車はご遠慮ください」というような看板が立っている道の駅では、当然、車中泊は控えるべきである。

「長期滞在はご遠慮ください」「24時間以上の駐車禁止」などの看板はどうだろうか。これらはほとんどの場合、車上生活者を対象にしたものと考えられる。そのため、1泊だけの車中泊なら差し支えないと解釈してよさそうだ。

判断が難しいのは、看板での意思表示はしていないが、車中泊してもらっては困るという道の駅である。しかし、駐車スペースが狭く、一般の利用者が多い道の駅は、常識的に考えて車中泊は避けるべきである。また、観光地にある、あるいは、近くにオートキャンプ場や旅館があるといった立地条件の道の駅は、その道の駅や地域の人から見れば車中泊はして欲しくないだろうと想像できる。ただ、そのような立地であっても、車中泊族を受け入れてくれる道の駅があることも事実であ

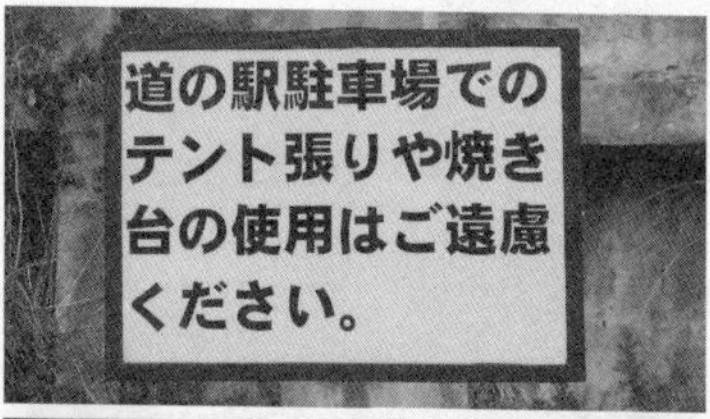
道の駅駐車場での
テント張りや焼き
台の使用はご遠慮
ください。

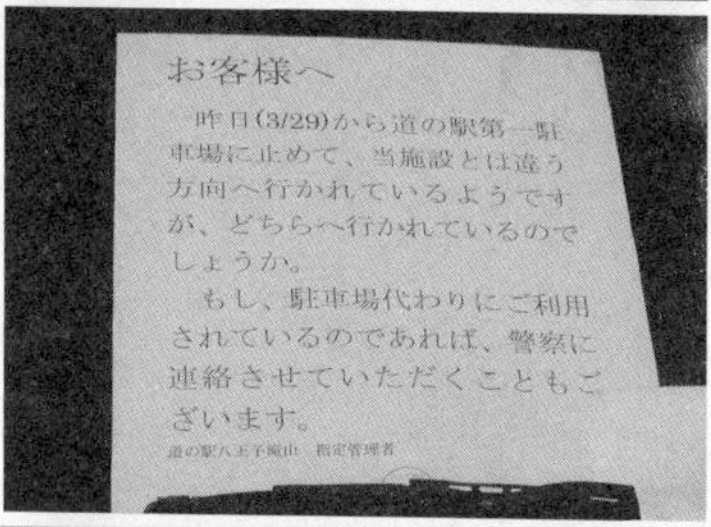
お客様へ
昨日(3/29)から道の駅第一駐
車場に止めて、当施設とは違う
方向へ行かれているようです
が、どちらへ行かれているので
しょうか。
もし、駐車場代わりにご利用
されているのであれば、警察に
連絡させていただくこともご
ざいます。
道の駅八王子滝山　指定管理者

車中泊に対する考え方は道の駅によって違うが、長期間滞在する、いわゆる車上生活者を問題視していることが多いようだ。もちろん、おおらかな道の駅もあるが、同じ道の駅に何日も連泊するのは避けるほうがよいだろう。また、シーズンの観光地やイベントなどで混雑する道の駅での車中泊も避けるべきである

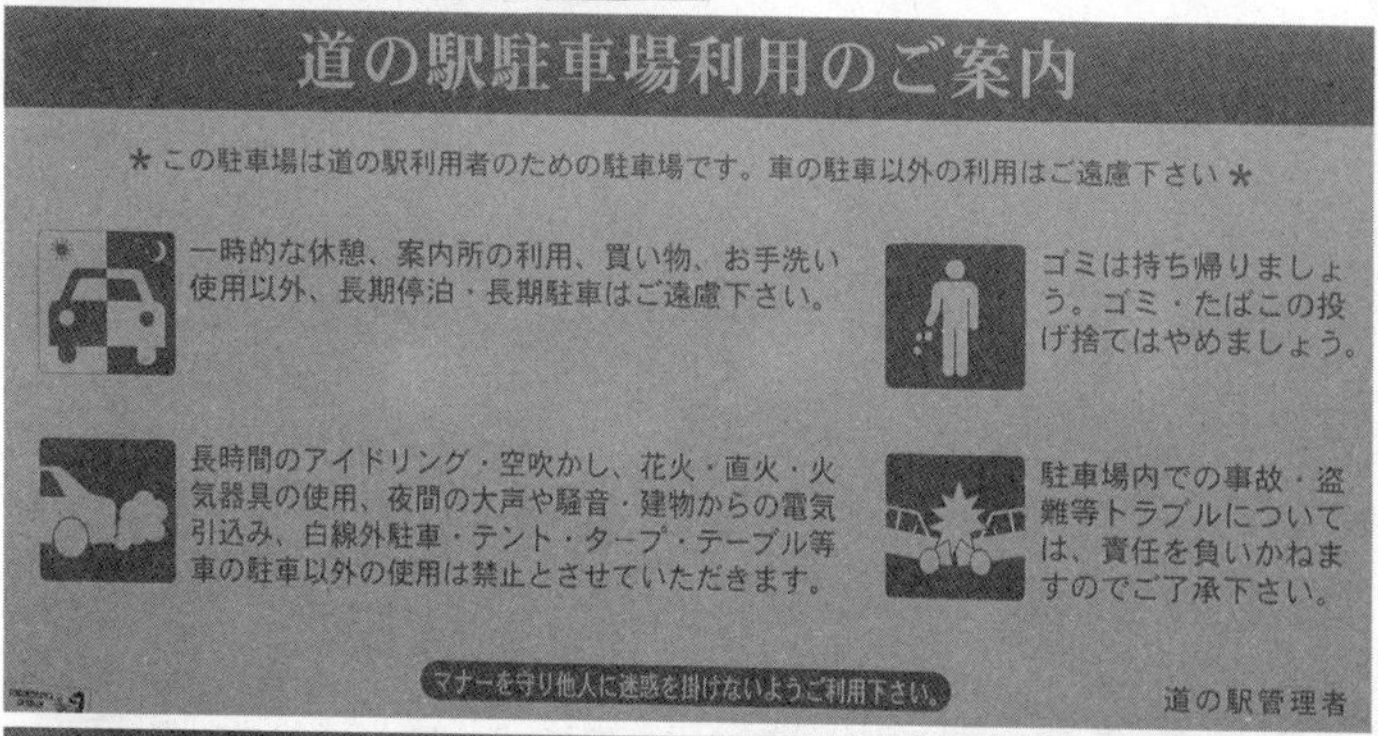
道の駅駐車場利用のご案内
＊この駐車場は道の駅利用者のための駐車場です。車の駐車以外の利用はご遠慮下さい＊
一時的な休憩、案内所の利用、買い物、お手洗い使用以外、長期停泊・長期駐車はご遠慮下さい。

ゴミは持ち帰りましょう。ゴミ・たばこの投げ捨てはやめましょう。

長時間のアイドリング・空吹かし、花火・直火・火気器具の使用、夜間の大声や騒音・建物からの電気引込み、白線外駐車・テント・タープ・テーブル等車の駐車以外の使用は禁止とさせていただきます。

駐車場内での事故・盗難等トラブルについては、責任を負いかねますのでご了承下さい。

マナーを守り他人に迷惑を掛けないようご利用下さい。

道の駅管理者

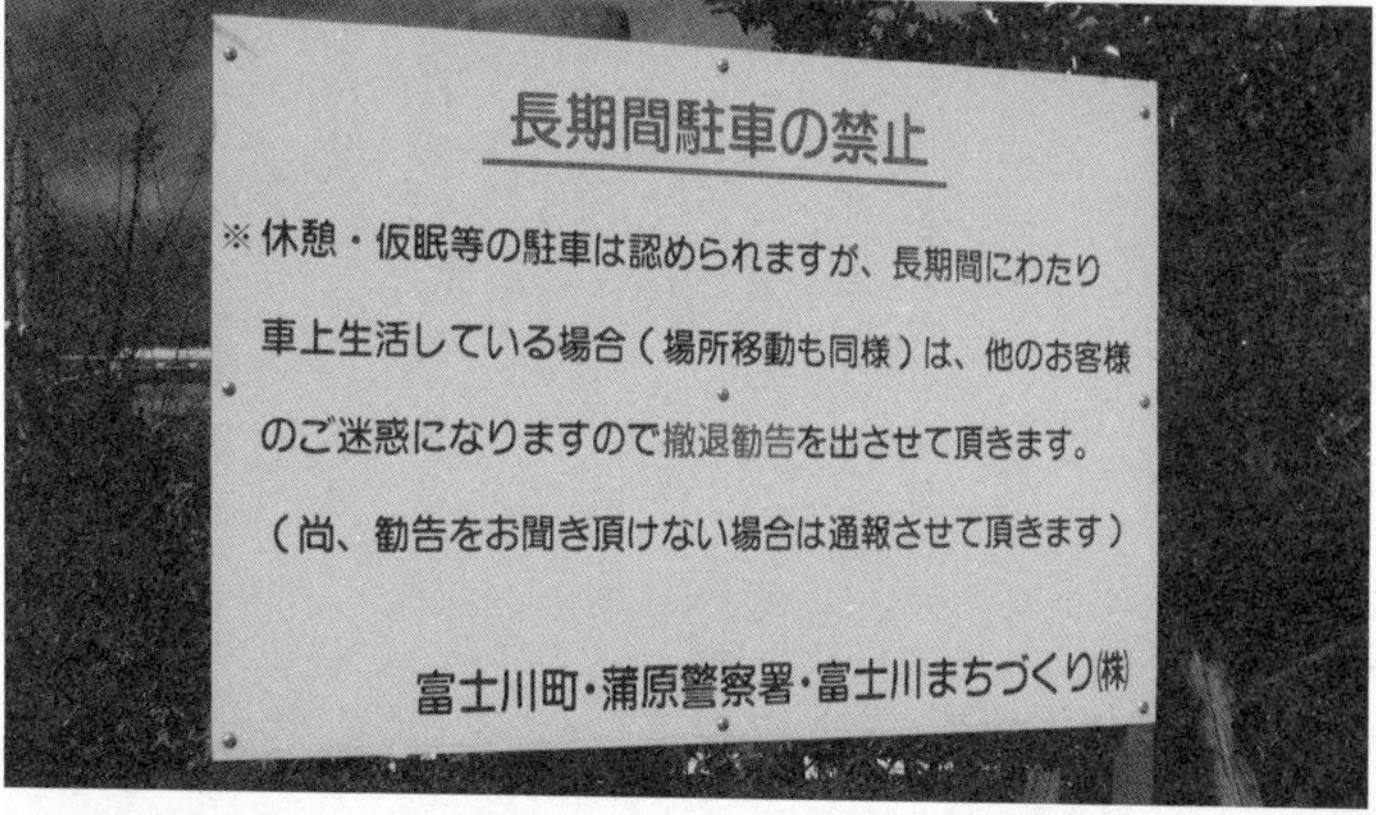
長期間駐車の禁止
※休憩・仮眠等の駐車は認められますが、長期間にわたり
車上生活している場合（場所移動も同様）は、他のお客様
のご迷惑になりますので撤退勧告を出させて頂きます。
（尚、勧告をお聞き頂けない場合は通報させて頂きます）
富士川町・蒲原警察署・富士川まちづくり㈱

る。これは車中泊をする側である私の、少々やぶにらみの見かたであるかもしれないが、地元の人たちにとって便利で、活性化につながっているような道の駅は、車中泊族にも理解がある、良い道の駅であることが多いように思う。

いずれにしろ、長期滞在する車上生活者の対応に困っている道の駅は多いので、もしなんらかの理由で同じ道の駅に何泊も滞在する場合は、その道の駅に了解を得るのが良いだろう。また、車外での煮炊きやテントを張るなどの行為については、認めてくれる道の駅もあるが（スペースが広く、他の利用者に迷惑はかからないであろう環

日帰り温泉施設を“売り物”にしている道の駅もある。この道の駅は、同じ施設内で食事や宿泊も可能

境）、他の利用者や近隣の人たちがどう思うかという問題もある。

私の考えとしては、道の駅での車中泊は、やはり仮眠の延長として、「静かにひっそりと」が原則であると思う。車外でこのような行為をするのであれば、まずその道の駅に確認したうえで、周囲の状況をじっくり観察し、迷惑にならないと確信が持てたら、例外的にそこで煮炊きをしたり、テントを張ったりするというくらいがよいのではないだろうか。

オートキャンプ場

洗濯などをまとめて済ますには便利

オートキャンプ場は、有料ではあるが、環境と設備に恵まれており、安心して泊まれる場所である。特に、長期間の車中泊生活をしていると、電気が使えてバッテリーの充電が行なえるのがありがたい。たとえ大容量のバッテリーを積んでいても、電気はとかく不足気味になるからである。また、大型のキャンピングカーは、大きさゆえに車中泊場所探しに苦労することが多く、オートキャンプ場は確実に泊まることができる貴重な場所ということになる。

オートキャンプ場は絶対数が少ないうえ、全国にまんべんなく散らばっているわけでもないので、車中泊場所をオートキャンプ場だけに限ると、かなり制約された旅をせざるを得ない。予約が必要なところもあるし（係員がいて、スペースに空きがあればたいていはＯＫとなるが）、冬季や、キ

北海道には広々としたオートキャンプ場が多い。長期間滞在している車中泊旅行者もしばしば見られる

ャンプシーズンが終わると休業となるところもあるので注意が必要だ。

それでも、事前に、実際にそのキャンプ場に行った人の評価を含め、詳細な情報を得ることができるから、計画が立てやすい。チェックインは通常、日中の時間帯で、チェックアウトは朝の時間帯となり、管理棟で手続きをする。

普段はもっぱら道の駅などで車中泊していても、旅行日程の中にオートキャンプ場泊の日を設け、普段はできないことをまとめて済ませるのもいい。充電のほか、たまった洗濯物を片づける（ほとんどのオートキャンプ場にはコインランドリーが用意されている）とか、寝袋や毛布などを干すといったことも、キャンプサイトならば気兼ねなくできる。日ごろ、車内での食事が続いているようなら、たまには開放的な車外でバーベキューのような料理を楽しむのも、気分転換になるだろう。

私も、車中泊旅行中に、充電などいくつかのことをまとめて済ませるために、オートキャンプ場を利用することがある。滞在するのは1泊か2泊で、長期間居続けるということはないが、お金を払ってでも行ってみたいという魅力を持ったオートキャンプ場はあるものだ。それに、お金を払うといっても、ホテルに泊まることを考えれば

オートキャンプ場で、長期間の車中泊旅行で溜まった洗濯物を片付ける。環境がよい場所で好天にも恵まれ、清々しい気分になる

トイレ、炊事場のほか、コインランドリーを備えるところも多い。車外での煮炊きも気兼ねなくできる

電気が使えるだけでなく、サブバッテリーシステムを搭載する車にとっては、バッテリーの充電ができる貴重な場所でもある

ずっと安い。

ただオートキャンプ場は、基本的には車の横でテントを張りそこで寝るという利用者のための施設であるし、実際に多くの人はそのようにしている。また、バンガローやコテージも備えていることが多いので、そちらの施設に泊まることもできる。要するに、オートキャンプ場であれば、車中泊にこだわらなくても滞在を楽しむことができるのだ。逆説的だが、車中泊ならではの楽しみを経験できるのは、オートキャンプ場以外の場所であると、言うこともできよう。

RVパーク

道の駅とオートキャンプ場の中間的な存在

RVパークとは、「一般社団法人 日本RV協会」が推進している、有料の車中泊施設である。全国にある道の駅や日帰り温泉施設、オートキャンプ場などと連携し、現在は約150の施設が認定されているようだ。日本RV協会のサイトによると、認定の条件は以下の通り。

- **ゆったりとした駐車スペースで、1週間くらいの滞在が可能**
- **24時間利用が可能なトイレ**
- **100ボルト電源が使用可能**
- **ゴミ処理が可能**
- **入退場制限が緩やかで予約が必須ではないこと**

山口県萩市にある「RVパークたまがわ」は、全国で初めてRVパークに認定された施設。目の前に温泉があり、海水浴場へは歩いて2分

キャンプ場に隣接し、炊事場も利用可能。駐車台数が限られることもあるが、電源スタンドは通年利用できる。近くには道の駅もある

設備の内容や料金は施設ごとに異なるが、基本的にはオートキャンプ場より簡易で、低料金である。管理者が正式に車中泊を認めているというだけでなく、サービスエリアや道の駅にはない、100ボルト電源が使えることが大きなメリットだ。また、現地で受付が終われば、その後の車の出し入れは自由であり(施設ごとのルールや時間帯による)、戻ってきたときに車の置き場がないということはない。自分の駐車場的感覚で使えるのは助かる。

RVパークは基本的には、キャンピングカー利用者のために、使いづらい道の駅を避けて車中泊できる場所を確保するために設けられた施設である。そのため、多くのオートキャンプ場にくらべアクセスが不便ではないが、道の駅ほど地の利が良いわけではない。しかし、最近は道の駅にRVパークが併設される例も増えてきている。

また、RVパークの母体・経営者はさまざまなので、規模や施設の内容もさまざま。キャンプ場並みのロケーションのところもあるが、道路脇の空き地、建物の背後の駐車場というようなところもある。温泉・浴場を併設していたり、公園や湖などがそばにあるところもある。地元住民の生活区や市街地にある場合もあり、こういうRVパークなら施設や店を利用するのに便利だ。

利用料もさまざまで、だいたい1000円から5000円程度。オートキャンプ場並みの料金

温泉、バーベキュー施設、食事処が一体となった「湯の華アイランド広場」(岐阜県可児市)のRVパーク。車の脇にテントが張れる芝生スペースがあり、バーベキュー場の炊事場も利用できる

がかかるところもあるし、電気・ゴミの処理のみ有料で泊まるのは無料というところもある。電気・ゴミに関しては、無料のところも有料のところもあり、汚物処理できるダンプステーションまで備えたRVパークもある。ただゴミ処理が可能といっても、ポイ捨てや不要物の置き去りは禁止。排水の処理も、その施設ごとに可否を含め確認したうえで、その施設のルールに従って行なうようにとされている。なおRVパークはオートキャンプ場と異なり、車外での料理は禁止されている。

予約しなくても当日空いていれば利用できるところもあるが、基本的にはチェック

奈良県奈良市、平城宮跡を整備した観光拠点「朱雀門ひろば」の中にあるRVパーク。世界遺産の目の前で車中泊ができる

歴史公園内には、平城宮関連の資料館やインフォメーションセンター、サイクルステーション、特産品販売所、展望デッキといった施設がある。温泉施設や飲食店、ホームセンターなども近く便利

イン・チェックアウトの時間が決められていて、その手続きが必要。ホテルに比べればラフではあるものの、手続きのできる時間に出入りすることになる。

道の駅であれば、もともと仮眠の延長でひっそりと泊まるつもりで現場に行くので、少々期待外れであっても、〝寝られればよい〟という気になるが、RVパークの場合は料金を払うので、料金相当の、仮眠以上のなにかを期待してしまうのが人情だろう。事前に、料金や設備、ロケーションなどを調べて納得したうえで利用するようにしないと、実際に行ってみると期待外れだった……となる恐れはある。その意味では、道の駅を利用する際のような気軽さはない。

一般論としてRVパークは、街中に駐車するのは気が引けるような大きいキャンピングカー（私の感覚では、バンコンよりも大きいキャンピングカー）が旅行途中の宿泊に利用する場所として利用価値が高いのではと思う。RVパークの設立導入の目的がそもそもキャンピングカーの泊まり場所を増やすことにあったので、当然とも言えようか。もちろん、事前に十分に調べて、納得のいくところを選び、利用するのであれば、大型キャンピングカー以外の車にも満足のいく車中泊場所となるであろう。

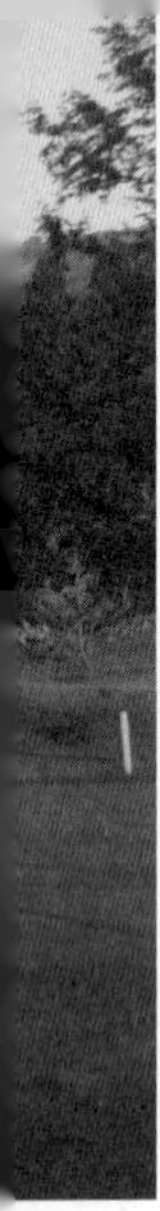

公園や観光地などの駐車場

夜間駐車禁止の〝サイン〟には要注意

近年は地域振興の一環としてなのだろう、地方に行くと、立派な公園や公共施設などが多く見られるようになった。これらの施設の無料駐車場で、24時間開放されているところは、車中泊の候補地となる。たいていは町・村の中心部からは離れているが、それだけに環境がよく広々としていることが多い。トイレも概して立派できれいであり、快適な車中泊のあと爽やかに目覚め、緑の公園を散歩する……といった素晴らしい時間を過ごせることがある。

いっぽう、都市部や都市部の近郊では、このような公園の駐車場で車中泊できることは、ほとんどない。市街地から離れていても、駐車場はきちんと管理されており、夜間は駐車禁止となるからである。

緑の多い公園の駐車場。トイレもあり、快適な車中泊ができるが、夜間駐車して問題ないかはしっかり確認しておきたい

この事情は、観光地や温泉場などの駐車場も同様で、観光客が大勢訪れる場所の駐車場は、昼間は無料で利用できても夜間の利用はNGであることが多い。それに対し、お客の少ない観光地や温泉場の駐車場には、24時間出入りできて車中泊してもまったく問題なさそうなところがある。実際に私も、温泉場や日帰り温泉施設などを利用し、そこでそのまま車中泊するという、ある意味理想的な車中泊経験をしたことが何度もある。

このように、公園や観光地などの駐車場を車中泊で利用できるかどうかは、その場所その場所によって違う。特に人が集まり

夜間閉鎖になる駐車場

①②このような看板があればわかりやすいが、そうでないところも少なくない
③出入口の地面下に埋まったポール。夜間は引き出され車止めとなる可能性がある
④出入口にコーンと鎖が置かれている。夜になると閉鎖されることが予想される
⑤ちょっと気づきにくいが、フェンスに閉鎖用の鎖がぶら下がっている

やすそうなところでは、事前調査ができなければ、あてにしないほうが無難であろう。近くの道の駅など確実に車中泊できそうな候補地を複数押さえたうえで、現地に行って判断するというのが実際的かと思う。

もちろん地方の駐車場であっても、夜間は駐車禁止となるところはあるので、十分に注意しなければならない。「夜間駐車禁止」の看板があればわかりやすいが、看板がなくても、入口にチェーンや縄の準備がしてあったり、門扉が閉められるようになっているところは避けるようにしたい。チェーンや縄の準備があっても、実際には夜間でも封鎖はされず出入り自由となるところもあるが、そういったところは何らかの理由で封鎖をしなかっただけであり、管理者の意思は夜間駐車禁止であると解釈して、泊まらないのが賢明である。また、車中泊をすると周囲の人に迷惑がかかりそうだと思われる場所は、当然ながら避けるべきである。

その他の場所

可・不可の判断に迷うなら他の場所を探す

駐車場として整備されていない、道路脇にある空き地なども、実際には車中泊場所として利用されることが多い。特に、登山や釣りなどのように、朝早くから活動するために目的地近くに前夜到着し、短時間寝られればよい……という車中泊では、目的地が人里離れた場所であることが少なくないので、おのずとこういった場所で泊まることもあるだろう。トイレや水場がないのは確かに不便ではあるが、アウトドア活動のための車中泊ならそういった不便はそもそも織り込み済みであろうし、キャンピングカーでポータブルトイレや給水設備を備えているのであれば、不便な場所での車中泊こそ醍醐味と言えなくもない。

ただし、そこで車中泊が許されるかは、慎重に判断する必要がある。ロープが張られていたり、「進

白樺林の入り口付近だけだが、車が入れる。新緑の中、身も心もきれいに洗われ、自然のエネルギーをもらい、やる気も出てくる

入禁止」「駐車お断り」といった看板があったりすればNGであることは、誰でも判断できるが、なにもないときはどうすればよいだろうか。その土地を所有・管理する人に連絡を取って許可を得るのは、実際には難しい。ごくまれに、連絡先が掲示されている場所もあるが、それはほぼ「駐車お断り」という意味と見て間違いない。

少なくとも、そこが個人の土地であり、日常的に使われていると判断された場合は、車中泊はやめたほうがよい。公共の土地と判断された場合は、そこで車中泊することが常識的に許されるかどうかを考える。もし、自分が役所の担当者であれば許すかどうかを、客観的に考えてみるとよい。

実際には、個人の土地であるか公共の土地であるかも判断が難しい場合が少なくないであろう。ともかく、そこで車中泊してもよさそうかどうかの判断に迷うのなら、別の場所を探したほうが無難である。大丈夫だろうかと心配しながらでは寝つきも悪いだろうし、夜中に起こされ、移動する羽目にでもなれば、悲劇である。

いっぽう、名もない、すばらしい、大自然の中で車中泊というのも、うれしいものだ。私が好む車中泊場所も、サービスエリアや道の駅などよりも、その他の場所に多い。そういう場所は簡単には出くわさないので、好きなところが見つからないと、仕方なく、道路わきとか、ちょっとした空き地に泊まることになる。頻度から言えば、そのほうがずっと多い。

それでも、好きな場所を求めて走り回るのは、自分でもあきれるくらいで、決して、お勧めはしない。また、大自然の中の、すばらしい場所は、たどり着くまでの道も含めて、とかく危険を伴うことがあるので、注意が必要である。オートキャンプ場や公園などにもすばらしい眺めのところがあるが、苦労してたどり着いたところのすばらしい景色は、ひと味違う感激を与えてくれる。

山の中にあるちょっとした空き地。廃屋のような建物があるが、もう誰も住む人もいない場所である

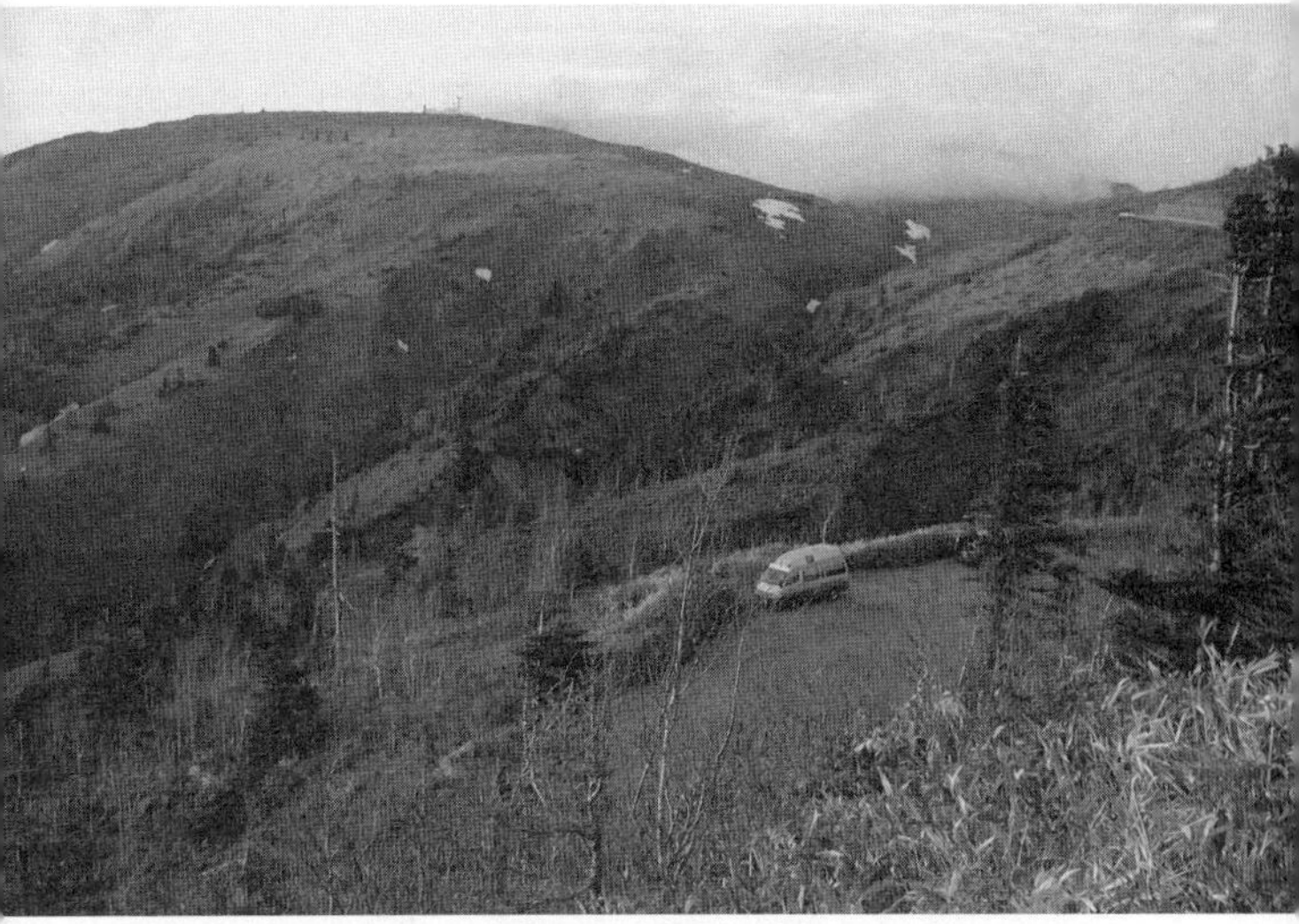

絶景ルートの途中にある空き地。すばらしい眺めだが、車中泊するには崖と急斜面が気になる。寝る前には先に進んだほうがよい

マナーを守って車中泊

黙認してくれる好意に感謝の気持ちを

この本ではしばしば言及してきたが、日本で車中泊が公認されている場所はオートキャンプ場と、最近になって登場したＲＶパークくらいのものである。それ以外の場所では、道の駅を含め、その場所の所有者・管理者の好意で黙認されているのが実情だ。

そのため、車中泊を後ろめたい行為と思う人もいよう。しかし私は、常識的な判断のもとに、マナーを守って車中泊するのであれば、後ろめたいと感ずるのではなく、便宜を与えてくれる人、関係する人への感謝の気持ちを持つことこそ大切だと思っている。その気持ちを忘れないことがマナーを向上させ、便宜を与えてくれる人の気持ちに応えることに通じると思う。

ただ、車中泊のマナーを一般論として語るのは難しい。車中泊をする人は、目的も、場所も、時期も、さまざまだからである。たとえば車外での炊飯ひとつとっても、その場所が多くの車が出入りする道の駅であるか、車外炊飯もどうぞと言ってくれる道の駅なのか、あるいは一般の人はあまり来ない広々とした河川敷か、などによって、それがマナーとして許されるかどうかはまったく異なるだろう。

いっぽうで、車中泊をする者が持つべき共通の心得、考え方というものはある。逆に言えば、それを身につけておけば、どんな場面にも応用できるはずだ。ここで紹介するのは、その立場でまとめた「車中泊マナー10ヵ条」である。以前、私が車中泊専門誌上で発表したもので、10年以上経った今では車中泊を取り巻く環境が変化しているが、基本的なところは変わっていない。

しかし、車中泊に限らず、マナーというのは非常に微妙なものである。

たとえば、こんなことがあった。信州の高原を訪れたとき、ちょうどツツジの盛期であり、きれいな花を写真に収めていた。すると10人ぐらいの団体がやってきて、やはり写真を撮りだした。そうなると、何人もの人がツツジの木の中に分け入って入ることになり、獣道ならぬ人間道ができてしまう。「これはいかんな」と思った経験である。

一人二人ならば問題はなくとも、人数が多くなると問題になるということが多い。車中泊も同じことが言えるのではないだろうか。普段人が入らないようなところで車中泊したところで、誰にも迷惑をかけるものではない。しかし仮にそこが観光地化して、多くの車中泊者が来るようになると、同じことをしていても周りから問題視される。その点は、どこか頭の隅に置いておく必要があるだろうと思う。

車中泊マナー10ヵ条

①ルールのあるところではルールに従う

ゴミ持ち帰り、キャンプ禁止、連泊禁止など。無用なアイドリング、100ボルト電源盗用などは法律・条例違反。

②迷惑をかけない。お互い気持ちよく過ごせるよう工夫をしよう

③その場所の所有者・管理者の意向を推察し、応える行動をとろう

車中泊の可否、車外炊事、トイレ・洗面の使用など、管理者の意に反することのないように。

④周りにいる人、車中泊をしている隣の仲間、近隣への配慮をしよう

車外炊事、ジェネレーターの使用、アイドリング、オーディオ騒音、車外での雑談など、とくに気をつけよう。静かにしていても、近隣の人から不審車と思われることもある。ご用心。

⑤後から利用する人へも配慮しよう

駐車場、トイレ、洗面など、汚したら後始末をきちんと。ゴミを捨てない。

⑥車中泊を認め、便宜を与えてくれる人々への感謝の気持ちを忘れない

もし、地元に食堂・売店があれば積極的に利用するなど、地域のために協力したいものだ。

⑦マナーの向上と反省を習慣付ける

場所、時代によって変化する車中泊マナーに対応するためには、絶えざる向上心を。以前、ある場所ではそれで良かったことも、次の時には違っていることもよくある。

⑧マナー違反やマナーに欠けていたと気付いたら率直に謝り、改めよう

⑨マナー違反にならないか、判断しかねたら、やめておこう

⑩ほとんどの車中泊は「ひっそりと静かに」が基本であることを忘れずに

「皆と賑やかに団欒・飲食」できる場所は限られている。

車上生活者に思う

道の駅では、いわゆる車上生活者と思われる人を見かけることが多い。NHKのテレビ番組では、丹念に取材しまとめた映像を何回か放映していた。改めて実情を知り、いろいろ考えさせられたものである。

朝、トイレで歯を磨いていると、隣にも歯磨きの人がやってきた。私よりも身なりは整っていてサラリーマンか車中泊の仲間かどちらかなと思っていたのだが、戻っていった車の様子が私たち車中泊族とはどうも違う。地元ナンバーであるが、トイレのための立ち寄りというのではなく、確かに一晩寝ていた。なぜ、自宅に帰らず、こんなところで泊まるのだろう。とくに都会に近い道の駅でよく見かけることだ。

番組では明らかに車上生活者と見える人を対象に取材していたようであるが、私の感想では、もっと多くの人がグレイゾーンに存在しているのではという気がしている。毎日の宿泊手段として車中泊を選択する人は想像以上に多いのかもしれない。

皆それぞれの事情があって、考え抜いた末に、車中泊を選んでいるのだと思う。この本にも書いたように、車中泊は上手に利用すれば、すばらしい我が家にもなりうる。だから、熱心なNPO支援者が、生活保護や住まいを勧めても、「いや、今のままでよい」という人もいる。私には、そういう気持ちがよく分かる気がする。

しかし、車中泊を長期間続けるのは決して容易なことではない。健康、車のメンテナンス、そして何よりも運に恵まれる必要がある。これは、当人が、いやというほど一番よく知っているに違いない。だから、よいと思っている今を大切に使って、次のステップに上がる準備をし、支援者の親身な協力を得ながら、自分の希望する生活を築く道を探しだせることを願っている。

第6章 災害と車中泊

車中泊の旅先で災害に遭ったら

ハザードマップの確認に慣れておこう

日本列島どこでも、いつ地震が来てもおかしくないと言われている。また、近年は地球温暖化の影響で台風などによる自然災害が想像以上の被害をもたらすようになってきた。このような災害に対して、車中泊をどう考えたらよいのだろうか。

かつては雨や風に対して車は強く、雷のときにも車の中にいれば安全だと言われていたが、最近の大きな台風・低気圧のときの暴風雨のテレビ映像を見ていると、車が次々に吹き飛ばされ、濁流に流されていく。地震による崖崩れでは家も車も土砂に埋もれ、大自然の力の強大さに息を呑むばかりのこともしばしばある。こんな場合には、車中泊どころではない。

最近の天気予報は精度が向上し、どの程度の強さの台風や低気圧が、何日後にどこを通るか教え

河川敷では増水に注意。雨が降っていなくても、上流域の大雨で増水することがある。天気予報とハザードマップは確認しておきたい

てくれる。だから、それを避けて車中泊のスケジュールを組めば、大きな災難に遭うことはないだろう。しかし、たとえば、長期間の車中泊旅行中に大型の台風が発生し、台風を避けて自宅まで帰るのも難しいということもあるだろう。そういうときにはどうしたらよいか。回り道になっても、台風の影響が少しでも小さいルートを取るのも一案だ。あるいは、途中に大きなホテルがあれば、そこに泊まって、台風をやり過ごすのもよい。ホテルによっては車を屋外にしか置けず、最悪、被害を受けるかもしれないが、身の安全だけは守れるに違いない。それほどひどい暴風雨でなければ、林の風

下で車中泊というのもありだろう。

私自身も、九州霧島の山の中で車中泊したときに、台風に遭ったことがある。風雨が強くなって建物の横に移動したものの、夜中に風向きが変わり、何度も車を移動せざるを得ず、大変な目にあった。それでも、幸い、特別な被害はなく、暴風雨から身を守ってくれた車に感謝したものである。ほかにも、屋久島の山の中で突然、暗くなり、激しい豪雨に遭い、川のように水が流れる道を、ヘッドライトをつけても数メートル先が見えない状況のなかで、山道を下ったことや、林の風下避難なども経験したが、そのようなことはなるべく避けたいものだ。これらは若さゆえの無謀とも言えるが、私にとっては貴重な経験にもなっている。今は、もっと注意深い車中泊を心がけているので、このようなことはほとんどない。

一方、地震の場合には予知が不可能なので、車中泊の場所選びに注意を払うしかない。幸い、「地震の揺れ」そのものには車は強いので、近くに崖や倒れてくるものがなければ、直下の地割れでもない限り、安心だ。

しかし、海岸近くでは津波の恐れがあるので、万一津波が来たときのことを考えて、車中泊の場所を決める習慣をつけておくとよい。高台であればよいが、標高が高くない場合には、どの道を通れば高台まで逃げられるか、あらかじめ調べておこう。標高はスマホの地図アプリ、パソコンなら、国土地理院の地図、グーグルアースの地図などで調べられる。

市街地、住宅地であっても、思いがけぬ危険が潜んでいることもあるので、ハザードマップで確認することにも慣れておくとよい。毎日のように泊まる場所が変わる場合には、毎日調べるのは大変であるが、せめて、危険地域が広く、逃げるにも時間がかかるような場所に来たときくらいは、万一のときどうすればよいか、調べるようにしたいものだ。なお、ハザードマップは必ずしも万全とは言えず、ハザードマップでは危険地帯に入っていない地区でも災害に遭ったケースもある。だから、危険地域をより広く考えていた方が無難である。

さらに、地震や豪雨のとき以外にも災害に遭う危険はある。がけ崩れや落石は地震や豪雨のときに起きやすいが、なんでもないときに突然起こることもある。これを完全に避けるには、急斜面のある山道には入らないことにするしかないが、そうもいかないので、その確率が低ければ（通行止めなどになっていなければ）、運を天に任すしかないだろう。

感染症流行時の車中泊

手洗い用の水の確保が難点か

本稿執筆時に起きている新型コロナウイルス感染症流行では、社会的な対処方針として、外出自粛、県外移動自粛などが取られ、車中泊どころではない。新型コロナウイルスは、気がつかないうちに感染している人が多数いるために、もし車で出かけ、行く先や途中でウイルスを受け取り、あるいは、渡すことになれば、各地にウイルスを広めてしまうことになるので、避けねばならないというのは一理ある。一方、人っ子ひとりいない広い高原や海岸では、ウイルス感染など起こりようもないが、行くことができないというのも不合理である。

新型コロナウイルス感染の恐れは、まだ数年続くと思われる。さらに、人類が新型コロナウイルスから完全に解放されるようになったとしても、将来再び、感染者を特定しにくい、新しいウイルスが出現し、強い自粛要請が必要になる事態が起こることもあるだろう。そのような時に、車中泊はどのような位置付けになるのだろうか。

今回同様の外出自粛、移動自粛ということになれば、やはり車中泊どころではない。しかし、今後の検証・反省、医学・疫学・危機管理手法などの進歩により、今回とは異なる社会的な対処方針が決まる可能性も十分あると思われる。たとえば、人々の接触機会の少ない場所は大いに利用し、感染症と悪戦苦闘する人々のストレス解消、健康増進に役立てるという指針が打ち出されてもよいはずだ。そうなれば、車中泊も基

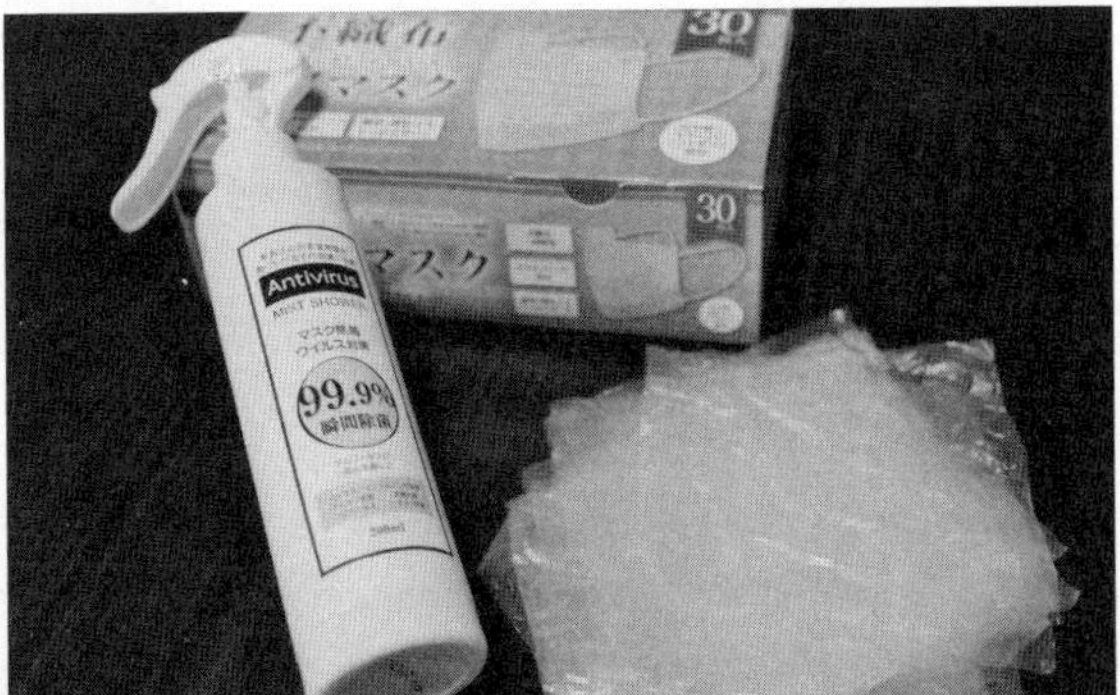

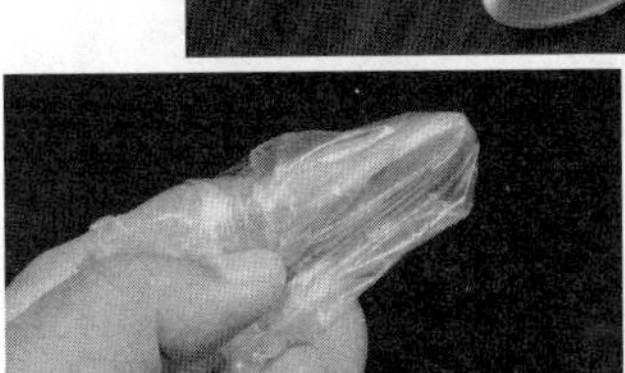

ウイルスの感染予防手段として、マスク、消毒液のほかに、接触感染を避けるためにプラスチックシート（レジ袋などを切ったもの）を用意するのも一法。使用時は左写真のように指にかぶせ、親指で押さえる

本的に可能になるが、許されるとして、どのようなことに気をつけるのがよいのだろうか。

車は外部とは完全に隔離されているので、同乗者に感染者がいなければ、車内ほど安全な場所はないと言ってもよいが、逆に、一人でも感染者がいれば、狭い密閉された空間のため、これほど危険な場所はないとも言える。出発前に、まずはそれを承知しておくことが大前提になる。

出発後は、感染のリスクがあるのは、目的地、宿泊地、途中の立ち寄り地である。車中泊の利点を生かし、目的地には大勢の人が来ない場所を選べば、リスクの心配はほとんど不要である。大規模イベントなど大勢の人が集まる場所に行きたいときには、当然それなりの防御策が必要であるが、そのようなケースはここでは除外しておく。そうすれば、感染リスクのある場所は、トイレ、飲食店、商店くらいだ。これらの場所は日常生活でも利用しているので、マスク、フィジカルディスタンス、手洗いなど、社会的な対処指針が定められていれば、それに従うのがよいだろう。

車中泊でとくに強調したいのは次のことである。車では水が十分に使えないので、手洗いなどはどうしても公共トイレなどに頼らざるを得ない。そこで、手指の消毒用アルコール入り容器を、よく医療関係者がしているように、腰にぶら下げ、必要なときにはいつでも手指を消毒するのがよいだろう。

大勢の人が居ない場所であれば、感染リスクのあるのは、対面しているときの呼気を浴びる場合と、ウイルスが付いている恐れのある場所に触れた場合（接触感染）くらいである。呼気は立ち位置・距離、マスクなどでかなり防げる。接触感染は、できれば触らないのがよいが、どうしても触らざるを得ないときは、たとえば、次のようにするのはどうだろうか。十数センチ四方くらいの大きさに切ったプラスチックシートを多数用意して、取り出しやすいポケットなどに入れておき、接触する前にプラスチックシートを指にかぶせるなどシートを介して接触し、その後はシートをプラ袋にしっかり入れ、後でゴミとして処分する。

このようなことをすれば、感染リスクをかなり減らすことができ、感染症流行時にも、車中泊をストレス解消と健康増進のために活用できるのでは、と思っている。なお、旅行関係団体で構成された旅行連絡会が、国土交通省・環境庁の協力により、「新しい旅のエチケット」を作成、公表しているので、それを参考にするのがよいだろう。

地震の際の車中泊避難

適切に利用すれば役立つ避難場所

自宅で地震に被災した時には、「車中泊ができれば安心だ」、逆に、「エコノミー症候群などの危険があるから車中泊は止めたほうがよい」など、いろいろ言われている。確かに、どちらの意見にも該当すると思われる事例が存在する。これについては、いろいろな場所や条件下で車中泊を経験してきた者として、次のように考えている。

細かい分析は省略するが、要は、「その場の状況に合わせて、上手に適切な車中泊をすれば、大変役立つし、安全であるが、結果的に不適切な車中泊をすれば、苦労が増すばかりか、危険でさえある」ということではないかと思っている。たとえば、4人定員の乗用車に4人で連泊するような無理は、なるべく避けたほうがよい。緊急事態で、他に寝るところもないという事情があるのだと思うが、４人車中泊はせめて1泊だけにして、次の日には、ブルーシートなどを屋根代わりに張るなど、他の宿泊手段を手当てし、体の弱い人は車に、より強い人は条件が悪い場所でも我慢するというような工夫ができないものだろうか。車に寝るのは、時間差をつけた輪番制にするのもありだろう。

車中泊について誤解があるのではと思われる意見として、「体の弱い人、妊婦、持病のある人などは車中泊をしないほうがよい」と言われるのを聞くことがある。しかし、これらの人々は、もともと、できることなら避難などは避けるべき人々である。

避難というのは、現在の場所にいたのでは命の危険さえあるという状況のなかで、次善の場所を求めて移動することである。そのとき仮に車中泊が選ばれた場合、理想的な形に少しでも近い状態で車中泊をすることができるなら、体の弱い人にとっても、避難所より快適な避難生活を送ることもありうるだろう。私の感触では、車中泊が選ばれるような状況下では、体の弱い人は車中泊、元気な人は他の、より条件の悪い場所で避難するというようなケースが、むしろ多いのではと思っている。

なお、車の中でゆったりと寝ること自体は、エコノミー症候群とは無縁であることを強調してお

セダンタイプの乗用車でも、ちょっとした工夫をしてなるべくフラットなところで寝られるようにしたい

きたい。エコノミー症候群は、血流が悪くなるような姿勢で長時間じっとしていることから起こる。避難所でもその可能性はあるし、病院でさえ、手術麻酔時、長期臥床などで発症することがあるという。

　環境を整えた車の中でゆっくりと寝ることは、自宅で布団やベッドの上で寝るのと実質的に遜色はなく、仮にエコノミー症候群のリスクがゼロではないとしても、両者は同程度と言ってよいに違いない。にもかかわらず、中越地震や熊本地震で車中泊によるエコノミー症候群の患者が多く出たのは、座席に座ったままの姿勢で一晩過ごしたり、昼間も車の中に居てほとんど体を動かさない日々を過ごしたりしたからである。さらに、体をあまり動かさずに何日も過ごすことは、エコノミー症候群以前の問題として、体の免疫力を低下させ、健康を損ない、種々の病気を誘発する原因になる。

ちなみに、やむを得ず長時間座った姿勢で長時間過ごさなければならない状況でのエコノミー症候群対策としては、弾性ストッキングがあれば役立つが、種類・使い方を誤ると効果がなかったり、かえって危険なことになったりもするので、あらかじめ医師に診てもらい準備しておくのがよい。簡単にできることは、足の血行をよくするよう、体を動かす、マッサージをするなどで当座をしのぐことである。

災害時の避難手段として車中泊の良い点は、

①車を置く場所さえ確保できれば、構造物としてはほとんど何も手を加えることなしに宿泊できる。
②風雨に強く、濡れずにすむ。
③座席シート、電気、音響機器などを含め、居住性が良い。
④必要なら移動できる。
⑤プライバシーが保たれる。

⑥直下の地割れでもない限り、地震の揺れにも強く、余震などに対して安心である。

など数多い。欠点は、狭いことと、多数の車が集まると広い土地が必要になること、水につかると危険なことくらいである。

地方自治体の中には、災害時の車中泊を避難計画に加え、臨時の駐車場として利用できる土地を確保、整備を行っているところもある。このような動きが全国に広がれば、万一の備えがより安心できるものになるに違いない。ただ、災害時の車中泊は、あくまでも緊急避難宿泊の一手段である。公設の避難場所はもちろん、テント、簡易物置、手作りのバラックなど、他の手段の長所・短所、自分達との適合性、置かれた状況などをよく考えて、利用するのがよいと思う。

熊本地震や中越地震ではとくに車中泊をする人々が多かったが、これは、多くの人々が車中泊を選びたくなる条件が揃っていたからだと思う。まず余震が多かった。とくに熊本地震では最初の大きな地震は本震ではなく、じつは前震で、2日後にさらに大きな本震が起きた。また、中越地震では本震後、1時間くらいの間に何度も大きな余震に見舞われるなど、多くの人がとても建物の中で寝る気になれない状況だったことが大きい。また地震発生の時期が、熊本地震は4月、中越地震は10月で、車中泊がしやすい季節であった。そして、内陸型の地震のため津波がなかったことからも、車が避難の選択肢として残されていた。こうした状況の中で、車を持つ人のうち多くの人々が車中泊を選んだのは賢明だったと思う。

ただ、残念に思うのは、車中泊の経験がある人は必ずしも多くなく、車中泊を適切に、上手に利用できたかどうかで、運命が大きく分かれてしまったことだ。車中泊の避難生活を無事乗り切られた方々がおられた反面、慣れない車中泊生活に心身共に疲れ、最悪、命まで落とされてしまった方がおられたのは、本当にお気の毒で残念と言うしかない。

地震後の避難の場合には、時間的余裕はあるので、車中泊に不具合があるなら、やりながら少しずつ改善していくことも可能である。もし車中泊経験がなくても、時間をかけて、自分たちに適するマイ車中泊を築き上げてほしいと思う。

水害時の車中泊避難

無理をせず、慎重な判断が必要

地震が起きた後の避難は、周囲の状況をよく観察し、その上で今夜の寝る場所として車中泊を選択するかどうかを決めればよい。それでも指定の避難所に行くか、親戚や友人の家に行くか、車中泊を選ぶか、迷う人は多いと思う。とくに車中泊の経験のない人にとっては、自分の車中泊避難のイメージすら沸かないこともあるだろう。だから、理想的なことを言えば、いろいろな車中泊を事前に経験していて、他の場所への避難との比較検討ができるようになっているのが望ましい。

地震の時と違って、台風や豪雨の際の車中泊避難は大変難しい。降ってくる雨だけなら車はすこぶる安全であるが、溜まった水の中、濁流の中では、なすすべもなく、危険である。さらに、台風や豪雨のときは、これから迫ってくる危機から逃れるための避難であり、これから車中泊避難をす

雨が降っても車内に居れば安心だが、道路が冠水するような豪雨では話は別。車中泊避難は危険を伴うこともある

るか、しないかゆっくり考えている時間はあまりない。時間が経てば経つほど、避難は難しくなり、危険になる。現状では、避難所への避難でも、避難勧告が出てからでは、もう遅いということが多い。思わぬハプニングが多い豪雨の中の車中泊避難は、もっと危険性が高い。

私の考えでは、一般論として、台風や豪雨が迫ってくるときの車中泊避難は、無理をせず、するとしても慎重に判断するのがよいと思う。

日頃、避難に適する駐車場所とそこまでのルートの安全性を確認しておき、実際に避難が必要となったとき、迫りくる豪雨の中での自分の車中泊避難を想像する。そのうえで、これなら大丈夫と確信が持てるようなら、車中泊避難を候補に入れてもよいだろうが、もし、確信が持てないようであれば、やめるべきだと思う。確信が持てた場合でも、想定外ということは間々あるので、危険であることに変わりない。なお、豪雨が弱まった後に、時間差で川が増水し氾濫の恐れが出て避難を始める場合や、被災した住宅には留まれないような場合に、ある場所に行けば安全であると判断できれば、地震後と同様に、周囲の状況をよく見て、車中泊避難を選択するということも十分考えられよう。

また、よくある例に、避難所に避難するために車で行ったが、既に一杯で入れず、やむなく車中泊という場合もある。その場合には定員に近い人数であることも多く、座席に座ったままで一晩を明かすことになり、疲労も蓄積し、最悪エコノミー症候群にもなりかねない。他に選択肢がなければその一晩はやむを得ないが、その状態で連泊することにならないよう、翌日以降は別の方法で対処してほしい。

熊本南部豪雨の際には次のような例もあった。熊本県津奈木町には4ヵ所の避難所があるが、その中でも安全で車中泊に適する場所として選んだのであろう「つなぎ文化センター」で車中泊の受付をすることを有線放送で流し、10世帯近くが駐車場で車中泊をしたという。このように、安全を確認した上で住民への呼びかけがあれば、大変心強いことである。

一方、風雨がまだほとんど強くない時点で、当然、避難勧告などはまだ出てはいない時点で、早めに自宅を出発し、遠く離れた安全圏で車中泊をし、豪雨が治まったら自宅に帰るというのであれば、数日間の車中泊旅行をして来たようなもので、間違いなく安全といえよう。ただし、この場合には、空振りになる可能性が高い。また、これを実行するには、時間的にも、精神的にもかなり余裕のある人でないと無理かもしれない。この手法をさらに発展させた避難について、「ポストコロナの時代の車中泊活用」の項（264ページ）でも触れることにする。

感染症流行時の車中泊避難

車は感染リスクの心配がない避難場所

長期化が予想される新型コロナウイルス感染症の流行の間に、日本のどこかで大災害が起こる可能性は高い。その時の避難所不足を補うために、最近、分散避難ということがしきりに言われるようになった。避難所以外の分散避難先として、自宅、親戚・知人の家、ホテルと並んで車中泊も加えられている。すこし前までは、車中泊の避難はエコノミー症候群の危険があるので避けたほうがよい、という声が強かった。どちらかというと日陰者的な存在であった車中泊にも、少しずつでも市民権が与えられるようになればと思う。

しかしながら、「分散避難の車中泊」という言葉が独り歩きし、避難所に避難するような感覚で「車があるから、いざとなったら車中泊すればよい」と安易に実行されれば、とんでもないことも起こりうると危惧している。すでに述べたように、実際に避難のときに車中泊を利用する場合には、適切な利用の仕方をすることが非常に大切である。そこで、とくに感染症流行時の避難に車中泊を利用するときのポイントになることと、私の考えを述べておこう。

レジャーなど通常の車中泊と違い、避難時の車中泊では一定の場所に定在するので、感染症流行時に定められる社会的な対処方針がどのようなものになったとしても、車中泊が不適当とみなされることは、まずないであろう。最大の長所は、先に述べた通り、車の中にいる限り、感染リスクはゼロ

車を避難場所として定在させているなら、運んできたポリタンクをそのまま仮置きしてもよいし、車外に置いて水場にしてもよい

に近いことである。四六時中、感染リスクを心配せねばならない避難所などに比べれば、車中泊は、感染症流行時の避難場所として、際立って安全な場所といえる。

一方、車の外に出て、感染リスクのある場所あるいは人と接した後、車に戻ってきたときに水が十分に使えないのが泣き所である。ただ、避難の車中泊の場合には車は定在しているので、車外に水タンクと水栓付の洗い場を用意しておけば、かなりの量の水を使うこともできよう（水の補給が十分できるという前提ではあるが）。仮に水が十分でなくとも、消毒液を準備しておけばかなりの程度、ウイルスを遮断できるだろう。

また、感染リスクのある場所から戻ってきて、ウイルスゼロの車内に入る際、衣服や荷物など気になる物の処置をしたいとき、雨などが降っていると車外でしづらいこともある。そんなときには近くに雨をしのぐ場所があればそこで、なければ、車の横にブルーシートなどを利用して雨よけの場所を作り、処置をするのがよいだろう。

とは言っても、車中泊は無条件で安全・安心なものではない。乗車定員に近い人数で車中泊をしたのでは、体が持たないし、エコノミー症候群の危険も出てくる。猛暑の夏の夜の車中泊も地獄であり、熱中症の危険もある。先に述べたように水害時の危険も高い。車中泊の選択には、そのときの環境状況、自分たちの状況などをよく考えて、的確な判断をする必要がある。

　災害時には身も心も疲れることが多く、シートに座るとやれやれとそのまま車で過ごしてしまいがちである。一日中車にいることは健康に非常によくないので、昼間はできるだけ車外に出て、感染症のリスクの少ない場所で過ごすようにしたい。また、長期滞在の備えがない限り、車中泊避難は長引かせず短期間にすべきで、その間に次の居住場所を確保し、ステップアップするとよい。

車中泊避難のための準備

避難前提に車中泊を体験しておくとよい

まず、災害があるとすれば、我が家ではどんなことが起こりうるかを考えよう。ハザードマップも参考にして、その災害の具体像がイメージできたら、次に、車中泊避難が選択肢となりうるのは、どんな場合かを考える。

何度も車中泊をした経験のある人なら、すぐにそのイメージを浮かべることができるだろうが、未経験でそれができないのであれば、何回か車中泊を試してみるのがよいと思う。その場合、難しいことではあるが、今は被災して自宅に戻れないのだとの思いで実行するのがよいと思う。レジャーの車中泊でも目的が重要であることを既に述べたが、避難のためという目的が満身に充満している状態でなければ、自分にとっての車中泊の評価も難しくなるからである。できれば、満足できた車中泊、これはたまらんという不満足の車中泊など、いろいろの車中泊を経験できるとよい。

車中泊がどんなものであるか、ある程度、体験的につかめるようになれば、自分がどんなときに車中泊避難を使うとどうなるか、イメージが浮かぶようになるだろう。そうすれば、そのとき必要になる物、あるとよい物などを挙げることもでき、それらが必要になったときに使えるように準備しておけばよい。

災害に備える一般的な品目については、ここでは触れない。快適な車中泊をするために、誰にでも共通する最低限の条件は、

フリース布は、避難時に何かと役に立つので、防災用品として備蓄しておくとよい

身長×肩幅、プラス10センチメートルくらい余裕の、できるだけフラットなスペースである。コンパクトカー、ＳＵＶ、セダンなど、必ずしも車中泊向きとはいえない車でも、少しでもフラットなベッドになるように、室内を広く使えるようにするには、少しだけ工夫と手間を惜しまなければよい。たとえば、フラットなベッドの長さが十分取れないような場合には、足元に荷物を置く。車内の高い部分、例えば、ダッシュボード、座席の縁などを利用して足を高くしてもよい。

さらに、窓を覆うカーテン類、寝具、衣類、洗面具、懐中電灯、いざというときのための携帯トイレ、ゴミ袋などがあれば、とりあえずは、何とかなろう。準備したものは、車内、自宅内、物置などに、取り出すときのことも考えて、あちこちに分散して置くのがよい。被災したときに準備したものが使えなくなるリスクも分散できるからである。飲み物、食料品は、防災用として既にどこかに保管していると思うので、それを利用すればよいだろう。

ハイブリッド車は、バッテリーの容量が大きいので、避難時の補助電源として有力な助っ人になる。車中泊用にサブバッテリーを積んであれば、それも大いに役立つし、普通の車のバッテリーでも、インバーターさえ準備しておけば、小容量なら１００ボルトの電気機器を使えるので便利である。なお車のバッテリーは、廃棄したものでも充電さえしておけば、いざというときに携帯の充電やラジオ聴取くらいであれば十分使用可能なので、置き場に困らなければ保管しておくとよい。

また、我田引水になるが、防災用品の中にフリース布を加えて備蓄することをお勧めしたい。本書で紹介した車内に作るフリース空間は、寒いときの避難時に最適と言える。フリース布はいろいろな用途に利用でき、畳めばそれほどかさばらないので備蓄もしやすい。なお、念のために付け加えると、車内に閉ざされた空間を作るとき、間違ってもレジャーシートやビニールシートなど通気性のない材料を使わないことが大切だ。酸欠やガス中毒の恐れが高くなる。通気性のあるフリースなら酸欠の心配はないが、それでも危険ガスが発生する練炭・炭火の使用、殺虫剤などは厳禁である。タバコ、ガスコンロなどの火気も厳禁である。

なお、マイナス10℃を下回るような厳寒時や豪雪時などの車中泊では、本書で解説している手法には限界があり、発想を変えた手法が必要になることも付け加えておきたい。本書では、地球温暖化・環境問題対策の観点から、停車時のアイドリングはしないという前提で解説を行っているが、避難の車中泊では、人命の危険もある劣悪な環境、状況もありうるので、場合によっては、アイドリングによる冷房・暖房を遠慮がちに使うことも許されるだろう。周囲に人がいれば了解を取る、あるいは、話し合うのがよいと思う。

ポストコロナ時代の車中泊活用

テレワークや超早期避難の可能性

新型コロナウイルス感染症対策のため、出勤自粛の要請が出され、自宅待機で、実質仕事を離れた人がいる一方、少しでも仕事を継続するために、在宅勤務・テレワークで結構多忙な生活を送った人もいた。実際にテレワークをしてみると、企業にとっても、従業員にとってもメリットがいろいろあることに気付かされ、今までのような広いオフィスは不要ではないかと、今後もテレワークを基本的に継続採用していくという方針を打ち出した企業まで出てきている。

このような動きが今後どこまで広がるのかは不明ではあるが、かなりの業種、企業、職種で在宅、テレワークがしやすいルール・環境が整えられていくのではないかと思う。そうなったときは、車中泊の出番でもある。自宅だけでなく、地方でもよい、全国好きな場所で仕事をすることも可能

他人との接触機会が少ない場所に出かける車中泊は、今後見直され、活用が推奨されるかもしれない

になる。だから、車の中にパソコン、モバイルの通信機器などを積み込んで、家を出発すれば、好きなだけ車中泊旅行をしながら、仕事もこなせるのだ。特に、新しいこと、創造的なことに取り組んでいる人にとっては、気に入った環境の中では、よいアイデアも浮かびやすく、発展させ、まとめることもしやすくなると思う。

車中泊をしながら仕事をすることは、昔から移動販売、地方巡業などの個人事業ではよく行われてきた。テレワークの車中泊をする人が増えれば、相乗効果で個人事業の車中泊も増えるのではと思っている。私もかつて、車中泊をしながらコンサルタント的な仕事をしようと、車を買って準備をしたことがあったが、事情が変わって中断し、今度はその車で本格的な車中泊の旅などをするようになってしまった。そのときが今のような時代であれば、ずいぶん違った人生を歩むことになっていたかもしれない。前途のある、これからの方には、ぜひ、すばらしい道を切り開いていただければと願っている。

一方、テレワークとは正反対とも言えるが、職住接近、いや職宿接近のための車中泊も、これからの時代、多くなるのではという予感もする。新型コロナウイルス感染症流行の試練を通して、今までの習慣を根本的に問い直す動きが進む中で、オフィス・工場などで勤務する必要のあるときは、その近く、できれば勤務先の駐車場で車中泊をし、その必要がないときは郊外の自宅に帰り在宅勤務をする、あるいはゆっくり休むというような生活がしやすい環境が整っていくのではと思う。このような形態は、事務職に限らず、生産現場の従業員にも適用できるだろう。通勤時間とその苦労を減らし、生活にメリハリが生まれ、従業員にとっても、企業にとってもメリットになるに違いない。

災害時の車中泊も、発想を変えれば、難題を克服するための、一枚の切り札としても利用できる可能性がある。以下は、夢と現実と願望が入り混じった話ではあるが、補足させていただきたい。

台風や豪雨の際の山崩れ、河川の氾濫で多くの家が壊され、犠牲者も出る。何十年に一度の災害と言われながら、日本のどこかで、毎年、一度ならず起きている。ハザードマップなどで危険な場所は推定されるので、乱暴な話ではあるが、その場所に住むのを止めればとも言えるが、住民にとっては、生活に必要で、大事な場所であり、壊された家を建て直し、そこに住み続ける人も多い。

各地にある海抜ゼロメートル地帯でも、水没の恐れが生じたときにどう避難するかが問題になっている。とくに対象となる避難者が数十万人を超えるような大規模ゼロメートル地帯では、地区外避難を呼びかければ大混乱が予想され、計画を立てるのも難しいと言われている。

この大問題に小石を投じるような話ではあるが、車中泊を上手に使えば、災害に巻き込まれずにすむ。海抜ゼロメートル地帯、内陸の災害危険地域など、住んでいる地域に災害の危険があると判断したら、超早期の避難をするのである。避難準備警報とか、避難勧告とかには関係なく、豪雨が近づいて、危なくなりそうだと思ったら、天気が悪くなる前に、早々に、車中泊の支度をして家を出る。後は安全な地域を回って旅をするというのでもよいが、ここで提案したいのは、自分の住所とは別に、そういうときにも安全そうな地域に駐車場を確保しておき、そこで必要な期間、車中泊をし、様子を見て自宅に戻るのである。

現状では、車中泊で連泊できるところは少ないが、自前の場所を確保しておけば安心だ。多少広めの土地を確保できるのであれば、普段は果樹でも育て、小屋ぐらい建てておいてもよい。空振りの確率が高いともいえるが、今週はちょっとそこに行ってきたというだけで、空振りとも思わずに済ますこともできるのではなかろうか。

荒川流域の江東5区ゼロメートル地域で策定された避難計画では、避難勧告前の車による自主避難が推奨されており、ここで述べた超早期の車中泊避難もそれに沿ったものと言えよう。本書は車中泊の本なので、このように書いたが、車中泊などしたくないという人なら、その土地にセカンドハウスを建てておいてもよいし、貸間を借りておくのでもよい。最近は、人口減少で住む人もない家が増えているので、そこを利用してもよい。実行するには、車、資金、時間など、いろいろの条件が整わないと無理ではあるが、決断さえすれば可能な人は少なくないと思う。

現実に起こる災害を見ていても、少しでも早い避難が気軽にできるようになれば、人命の被害は激減するに違いない。車中泊避難の備えのある人や既にセカンドハウス的なものを持っている人であれば、現時点でも超早期避難は即実行可能である。先駆的に実行する人が出てきて、効果が確かめられれば、より多くの人に広まり、さらに、自治体や国の規模でも対応策が整えられるようになれば、災害危険地域に暮らす人々にとっての安全弁になるのではと思っている。

テレワーク、職宿接近、災
害からの超早期避難など、
車中泊は新しい生活様式
のために活用できる可能
性を秘めている

あとがき

車中泊についての執筆活動から離れて10年近くにもなる。執筆中は旅に出ても、つい取材の意識が働き、車中泊を楽しんでいられないことが多かった。今は、個人的な条件さえよければ、自由な車中泊を存分に楽しんでいる。

そんな執筆休眠中の私に、山と溪谷社の稲葉豊さんが声を掛けてくださった。最初は戸惑ったが、最終的には、この本に携わることになった。その結果、私もびっくり、『車中泊を楽しむ』を出版したときと同じ、稲葉さん、水野一彦さんと組むことになったのである。水野さんには、編集者としての役割だけでなく、本来、私がする著者の作業まで協力していただいた。本書は、合作といってもよいくらいである。

執筆中に、新型コロナ感染症の流行が始まった。やがて、避難所で感染が広がる危険を避けるため、分散避難が言われるようになり、分散避難先の中には車中泊も挙げられていた。ちょうど梅雨の時期で、万一、豪雨下に、間違った車中泊がされたら大変と、急遽、章を改めて、災害と車中泊の問題を入れることにした。これまでは、避難の車中泊といえば地震のときが対象にされていたのだが、豪雨も入れた車中泊避難を改めて考え直すことになった。

豪雨や台風下の車中泊を私自身は経験しているが、避難の車中泊まではしていない。本当は、避難の車中泊を何度も経験された方が、この問題を本質的に考えて、見解を世に問うてくださるのがよいと思っている。

最後に、出版の最初から最後まで、貴重なアドバイスをくださり、お世話になりました、稲葉さん、水野さん並びに、次の方々に改めて感謝いたします。川崎健二さんにはこの本の企画・骨格作りをはじめ編集などに、吉池康二さんには読みやすく楽しいブックデザインにしていただいたことに、ジャパンキャンピングカーショー実行委員会、日本RV協会、多くの車メーカーには写真提供に、森千佳子さんには写真撮影に、協力いただいた。「旅行はほとんど車中泊」という変わり者に同行する妻・美代子は、執筆中には鋭い疑問のボールを投げつけてくれた。万謝。

2020年秋　武内 隆

著者プロフィール

武内 隆（たけうち たかし）

東京都生まれ。50代の頃から車中泊しながらの旅を実践し、60歳のときにキャンピングカーを購入。仕事の関係で約4年を九州で過ごし、週末を利用して九州各地を旅する。その後、自宅のある愛知県に戻り、北海道から沖縄まで全国を車中泊旅行、各地の風景、暮らし、食べ物、温泉、登山を楽しむ。これまでの車中泊日数は2500日以上、車中泊旅行での走行距離は約25万㎞に及ぶ。著書に『車中泊を楽しむ』（地球丸）がある

車中泊入門

YS052

2020年11月 1 日　初版第1刷発行
2021年 1 月15日　初版第3刷発行

著者　武内　隆
発行人　川崎深雪
発行所　株式会社　山と溪谷社
〒101-0051
東京都千代田区神田神保町1丁目105番地
https://www.yamakei.co.jp/
■乱丁·落丁のお問合せ先
山と溪谷社自動応答サービス TEL.03-6837-5018
受付時間／10:00-12:00、13:00-17:30（土日、祝日を除く）
■内容に関するお問合せ先
山と溪谷社 TEL.03-6744-1900（代表）
■書店·取次様からのお問合せ先
山と溪谷社受注センター
TEL.03-6744-1919
FAX.03-6744-1927
印刷·製本　図書印刷株式会社

*定価はカバーに表示してあります
*落丁·乱丁本は送料小社負担でお取り替えいたします
*禁無断複写·転載

Printed in Japan ISBN978-4-635-49044-3